하나 바이블

The Kingdom of God in the Bible
하나 바이블은 성경 속에서 하나님 나라를 배우는 책입니다.
왕관은 하나님의 통치, 길은 하나님 나라 백성의 삶을 의미합니다.

유치부
3과정·1학기
교사용

하나바이블

"하나님 나라의 전파"

하나 바이블 유치부
APP 다운로드 QR코드

대한예수교장로회총회

머리말

하나님께서는 이 땅에 주일학교가 시작된 이후로 주일학교를 통해 교회교육의 큰 부흥을 이루어 주셨습니다. 오늘 한국교회는 다시 한 번 새로운 변화를 기대하고 있습니다. 특히 4차 산업혁명과 저출산, 비대면 교육 등 교회교육은 새로운 도전에 직면해 있습니다. 교회교육에 새로운 돌파구가 필요한 시점에 총회는 새로운 융합형 공과 「하나 바이블」을 출간하였습니다.

「하나 바이블」의 '하나'는 하나님 나라를 뜻하는 것으로, 성경 속에서 하나님 나라를 배우는 책입니다. 마태복음 5장 13-16절 말씀을 주제 성구로 삼아 그리스도인으로서 "착한 행실"을 통해 하나님 나라 백성으로서 하나님의 통치와 다스리심을 자신의 삶에 구현하도록 합니다. 그리하여 믿음이 생활에서 적용되는 신앙교육이 가능하도록 돕습니다. 그리고 이런 교육적 토대 위에 현대 교회가 가진 심각한 분리의 문제를 해결할 수 있습니다.

「하나 바이블」은 영유아부, 유치부, 유년부, 초등부, 청소년부 5개 부서의 교재로 구성되어 있으며, 전 부서의 교육과정이 동일합니다. 같은 성경본문과 주제를 학습하기 때문에 세대 간 단절의 문제와 작은 교회의 주일학교 운영에 해법이 될 수 있을 것입니다.

또한 단순히 성경지식을 주고받는 차원을 뛰어넘어 생활에서 실제적으로 문제를 해결할 수 있는 역량을 키우도록 하였습니다. 그리고 신학과 교리, 세계관을 융합해 기독교 본질을 강화하였습니다. 설교와 성경공부를 일원화하고, 교회와 가정, 학교를 염두에 둔 원포인트 교육으로 진행하며, 기독교 세계관에 입각하여 생활 속의 문제를 신앙적으로 해결하도록 함으로써 신앙과 삶이 융합되도록 하였습니다.

4차 산업혁명 시대에는 일방적인 지식의 전달이 아닌 교사와 학습자 모두가 능동적으로 교육에 참여하는 패러다임의 변화가 일어나고 있습니다. 일방적으로 성경을 가르치는 것이 아닌 쌍방향으로 소통하는 교육이 되도록 이론과 실제가 융합된 「하나 바이블」이 효과적인 신앙교육을 이끌 것입니다.

현재 멀티미디어의 영향은 거의 혁명과 같이 우리에게 다가오고 있습니다. 따라서 「하나 바이블」은 온라인 교육에 중점을 두고 오프라인 교육의 효율을 극대화하도록 하였습니다. 특별히 스마트 플랫폼을 구축하여 총회가 교회교육의 허브가 되어 학생 교육, 교사 교육, 목회자 교육, 문화콘텐츠, 교회행정 시스템, 예배 매뉴얼 등에서 다양한 정보와 자료를 제공합니다. 이를 통해 주일학교 학생과 교사, 학부모, 지도자들의 신앙 성장이 일어나기를 기대합니다.

끝으로 본 교재가 출간될 수 있도록 협력해 주신 교육과정위원과 집필위원, 감수해 주신 교수님과 목사님, 교육개발원 이사 및 전문, 자문위원께 감사의 마음을 전합니다. 또한 실무로 수고하신 교육개발원 연구원들과 출판국을 비롯한 직원들에게도 감사를 표합니다. 앞으로 총회 공과가 더욱 발전하여 전국 교회와 주일학교 및 성도님들의 믿음을 더욱 확고하게 세우는 교재가 되도록 계속 기도해 주시길 바랍니다.

대한예수교장로회총회
교육개발원

총론

1.「하나 바이블」 교재 개발 개요

대한예수교장로회총회는 1999년 [말씀, 믿음, 삶]이라는 성경공부 교재를 통해 성경 전체를 관통하는 종합적인 교육과정을 개발하였다. 2010년에는 '하나님 중심, 말씀 중심, 교회 중심, 개혁 지향'의 체계적이고 종합적인 계단공과인 [생명의 빛]을 발간하여 교회학교 교육의 새로운 장을 열었다. 그러나 사회의 급격한 변화와 한국교회 내부의 여러 위기에 대처하고, Z세대를 넘어 α세대로 불리는 다음 세대를 위한 새로운 차원의 신앙교육 과정을 새롭게 수립해야 할 필요성이 제기되었다. 하나님의 말씀은 변하지 않는 속성을 가진 반면, 현대 사회는 인공지능으로 대변되는 초지능사회로의 급격한 변화를 겪고 있기 때문이다. 이에 이러한 불확실한 시대에서 불변한 하나님의 말씀으로 교육해야 하는 도전에 응전하고자 새로운 융합형 통합 교재, 「하나 바이블」(The Kingdom of God in the Bible)을 개발하게 되었다. 여기서 하나는 '하나님 나라'의 줄임말이며, 바이블은 '성경'을 의미한다. 즉 성경을 통해 하나님 나라를 배운다는 것을 이름 속에서 나타낸다.

본 교재의 주제는 바로 '하나님 나라'이다. 이는 성경에서 매우 중요한 개념이다. 구약성경의 지향점도 신약과의 관계 속에서 볼 때 '하나님 나라'이며 하나님이 이스라엘 백성들과 맺은 언약 속에는 하나님의 통치와 임재, 즉 하나님 나라의 개념을 명백히 포함하고 있다. 또한 신약에 명확하게 드러난 '하나님 나라'는 예수님의 존재와 사역과 밀접한 관련이 있다. 구약에 언약으로 표현된 하나님 나라의 완성은 예수님이기 때문이다(막 1:15; 눅 4:43). 또한 하나님 나라는 예수 그리스도의 죽음과 부활로 세우신 교회를 통해 구체화된다. 그리스도의 피를 통해 세워진 교회는 하나님의 통치와 임재가 현실화된 것으로서(엡 1:22-23), 하나님 나라는 이상 속에 존재하는 개념이 아니라 삶 속에 실재(實在)하는 현실이다. 그러므로 우리는 하나님의 통치가 역사 속에서 어떻게 형성되어 진행되었으며, 하나님과 그 백성이 어떤 관계를 형성했는지에 대하여 학습자들에게 가르쳐야 한다. 동시에 '지금 그리고 여기에서' 어떻게 하나님 나라를 완성해갈 것인가를 가르치는 것도 필요하다.

따라서 우리는 학습자들의 삶 속에서 하나님의 절대주권으로 다스려지는 하나님 나라에 관한 올바른 교육이 이뤄지도록 하는 데 중점을 두었다. 또한 하나님 나라를 이루시고 구원을 주신 예수 그리스도를 믿음으로 중생한다는 사실을 가르치고, 삶 속에서 하나님의 말씀을 잘 구현할 수 있도록 하는 교수학습 과정 및 방법을 모색하였다. 더불어 현시대의 새로운 교육생태계인 디지털 환경 및 다문화적 환경을 고려할 뿐만 아니라 교회와 가정, 매일의 생활 속에서 하나님의 말씀을 공부할 수 있는 교재를 개발하였다.

이에 하나님 나라를 중심으로 한「하나 바이블」의 교육이념, 교육목적, 교육목표, 교육과정, 주제성구, 인간상을 포함한 교육 개요는 다음과 같다.

2.「하나 바이블」 교육 체계도

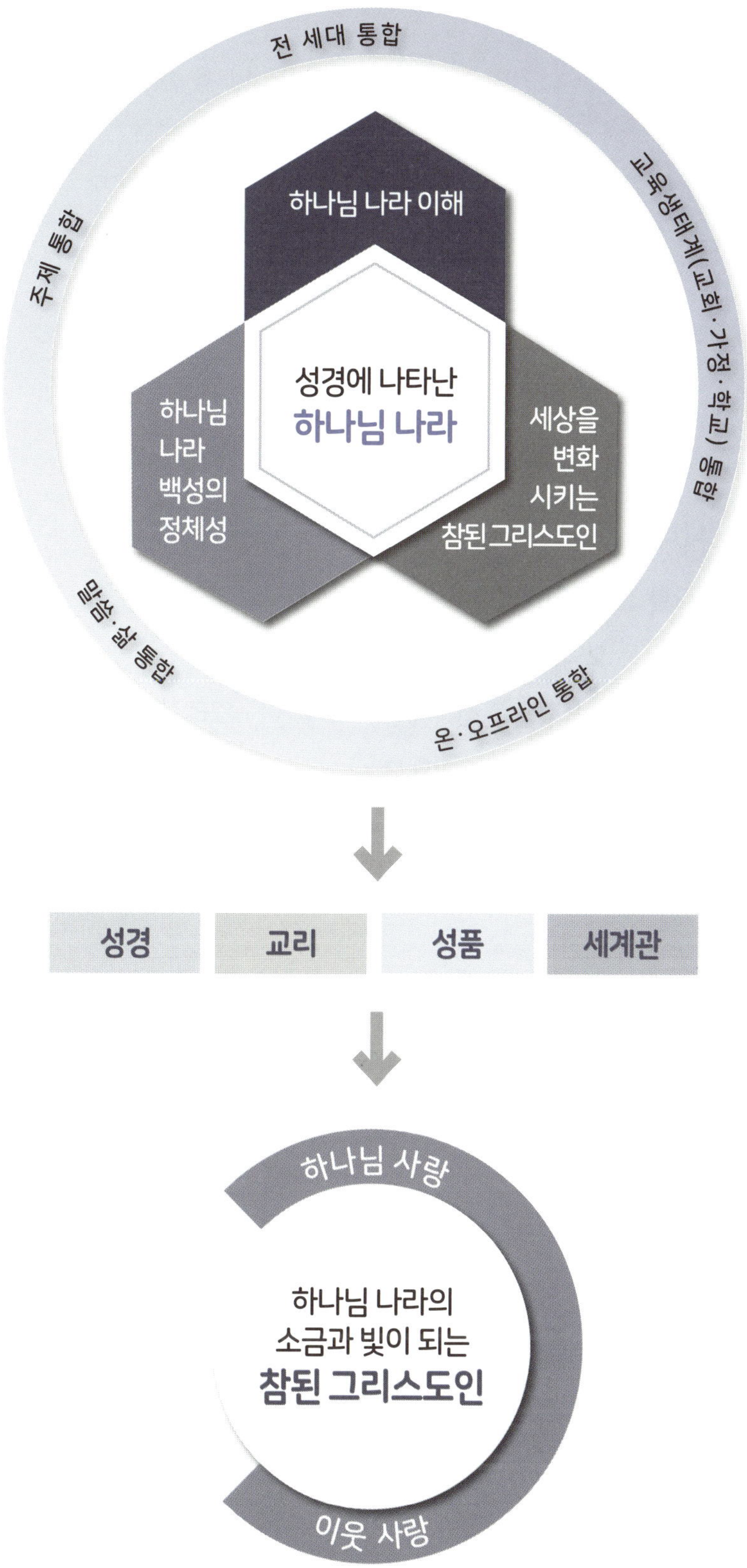

| 교육이념 |

성경에 나타난 하나님 나라 이해를 통해 삶의 모든 영역에서 하나님의 통치를 실현한다.

| 교육목적 |

하나님 나라의 의미를 이해하고 하나님 나라 백성으로서 정체성을 가지고 세상을 변화시켜 나가는 참된 그리스도인으로 살게 한다.

| 교육목표 |

1. **성경(3년 교육과정)**
   하나님 나라와 통치의 역사적 파노라마를 신구약 성경을 통해 알게 한다.
2. **교리(1년 교육과정)**
   하나님 나라 백성의 삶의 원리가 무엇인지 교리와 역사를 통해 깨닫도록 한다.
3. **성품(1년 교육과정)**
   하나님 나라 백성으로서 말씀에 근거한 거룩한 성품을 내면화하고 실천하게 한다.
4. **세계관(1년 교육과정)**
   하나님 나라 백성의 삶의 양식을 깨닫고 세상을 변화시키는 삶을 살아가게 한다.

| 주제성구 |

마태복음 5:13-16

| 인간상 |

하나님 나라의 소금과 빛이 되는
참된 그리스도인

1학기

CONTENTS

그림으로 보는

하나님 나라 파노라마

3과정 1학기

1

예수님이 하나님 나라를
전하라고 명령하셨어요

2

하나님 나라는 서로 나누는
교회를 통해 전파돼요

3

하나님 나라는 예수님 이름의
능력으로 전파돼요

8

하나님 나라는
우리의 생각을 넘어 전파돼요

9

교회가 교회를 도움으로
하나님 나라를 전해요

10

복음이 필요한 곳에
하나님 나라를 전해요

11

어려움 속에서도
하나님 나라를 전해요

16

복음을 믿으면
하나님의 뜻대로 살 수 있어요

17

우리는 서로
하나 된 교회예요

18

우리는 사랑으로
섬기는 교회예요

19

우리는 예수님을
자랑하는 교회예요

4

하나님 나라는 지혜와
성령의 능력으로 전파돼요

5

하나님 나라는
흩어짐을 통해 전파돼요

6

하나님 나라는
만남을 통해 전파돼요

7

하나님 나라는 부르심을 받은
사람을 통해 전파돼요

12

땅끝까지
하나님 나라를 전해요

13

복음은 구원을 주시는
하나님의 능력이에요

14

복음을 믿으면
예수님과 하나가 되어요

15

복음을 믿으면
성령님을 따라 살 수 있어요

20

성령의 열매를 맺으며 살아요

21

하나님의 전신 갑주를 입고
승리하며 살아요

22

항상 기도하고
기뻐하며 살아요

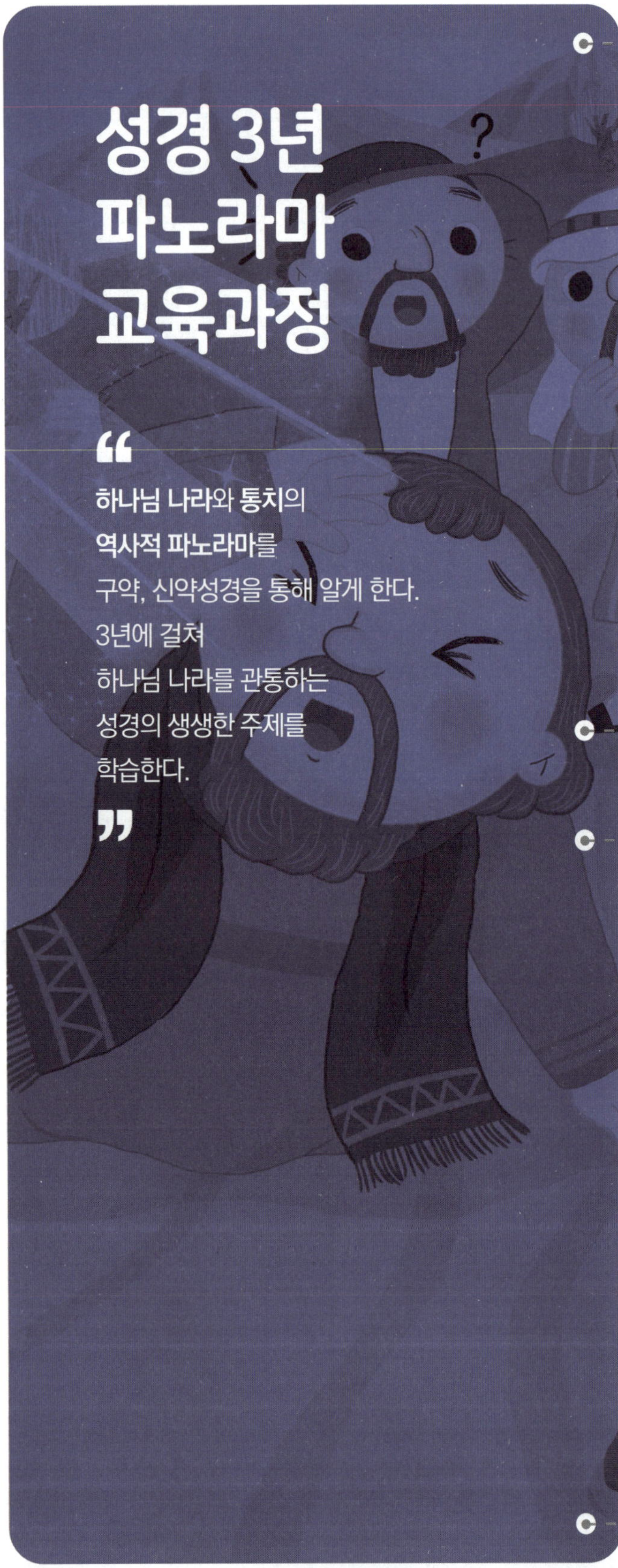

성경 3년 파노라마 교육과정

“

하나님 나라와 **통치**의
역사적 파노라마를
구약, 신약성경을 통해 알게 한다.
3년에 걸쳐
하나님 나라를 관통하는
성경의 생생한 주제를
학습한다.

”

구약

율법서
창세기 | 출애굽기 | 레위기 | 민수기 | 신명기

역사서
여호수아 | 사사기 | 룻기 | 사무엘상 | 사무엘하 | 열왕기상
열왕기하 | 역대상 | 역대하 | 에스라 | 느헤미야 | 에스더

시가서
욥기 | 시편 | 잠언 | 전도서 | 아가

대선지서
이사야 | 예레미야 | 예레미야애가 | 에스겔 | 다니엘

소선지서
호세아 | 요엘 | 아모스 | 오바댜 | 요나 | 미가 | 나훔 | 하박국
스바냐 | 학개 | 스가랴 | 말라기

신약

복음서
마태복음 | 마가복음 | 누가복음 | 요한복음

역사서
사도행전

바울서신서
로마서 | 고린도전서 | 고린도후서 | 갈라디아서 | 에베소서
빌립보서 | 골로새서 | 데살로니가전서 | 데살로니가후서
디모데전서 | 디모데후서 | 디도서 | 빌레몬서

일반서신서
히브리서 | 야고보서 | 베드로전서 | 베드로후서 | 요한1서
요한2서 | 요한3서 | 유다서

예언서
요한계시록

1과정 성경 파노라마 띠

창세기(모세오경, 율법서) — 시가서

1년차 상반기 I 구약 1학기 I					
1단원	2단원	3단원	4단원	5단원	6단원
창세기	창세기	창세기	출애굽기	출애굽기	레위기 민수기 신명기

1년차 하반기 I 구약 2학기 I					
7단원	8단원	9단원	10단원	11단원	12단원
여호수아	사사기 룻기	사무엘상	사무엘상	사무엘하	시가서

2과정 성경 파노라마 띠

열왕기상 — 요한복음

2년차 상반기 I 구약 3학기 I					
1단원	2단원	3단원	4단원	5단원	6단원
열왕기상	열왕기하	에스라 느헤미야 에스더	욥기 이사야 예레미야 에스겔	다니엘 소선지서	소선지서

2년차 하반기 I 신약 1학기 I					
7단원	8단원	9단원	10단원	11단원	12단원
마태복음	마태복음	마가복음	누가복음	요한복음	요한복음

3과정 성경 파노라마 띠

사도행전 — 요한계시록

3년차 상반기 I 신약 2학기 I					
1단원	2단원	3단원	4단원	5단원	6단원
사도행전	사도행전	사도행전	로마서	고린도 전·후서	갈라디아서 에베소서 빌립보서

3년차 하반기 I 신약 3학기 I					
7단원	8단원	9단원	10단원	11단원	12단원
골로새서 데살로니가 전·후서	디모데 전·후서 디도서	빌레몬서 히브리서 야고보서	베드로 전·후서 요한1서	요한2서 요한3서 유다서	요한 계시록

교사용 교재 활용법

1 단원 개요

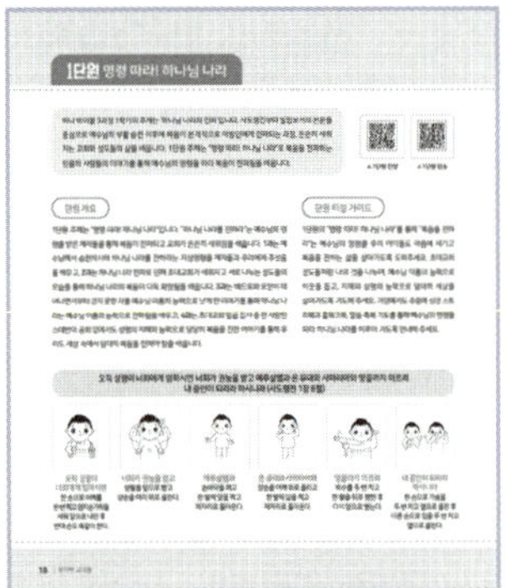

▶ 단원 해설

각 단원의 주제와 핵심 내용, 티칭 포인트를 알 수 있습니다.

▶ 단원 암송

각 단원의 외울 말씀 암송과 손유희를 예습하고 QR코드로 암송곡을 배울 수 있습니다.

▶ 단원 찬양

QR코드를 실행하여 단원송을 배울 수 있습니다.

▶ 단원 구성

각 단원의 과별 구성과 제목, 외울 말씀, 학습요점 및 적용점을 한눈에 볼 수 있습니다.

▶ 성경 파노라마 띠

각 과 성경본문의 위치를 알 수 있습니다.

2 과별 개요

▶ 과별 제목

단원 주제와 과별 제목을 살펴볼 수 있습니다.

▶ 학습 개요

과별 본문 말씀과 읽을 말씀, 학습 요점, 학습 목표를 확인할 수 있습니다.

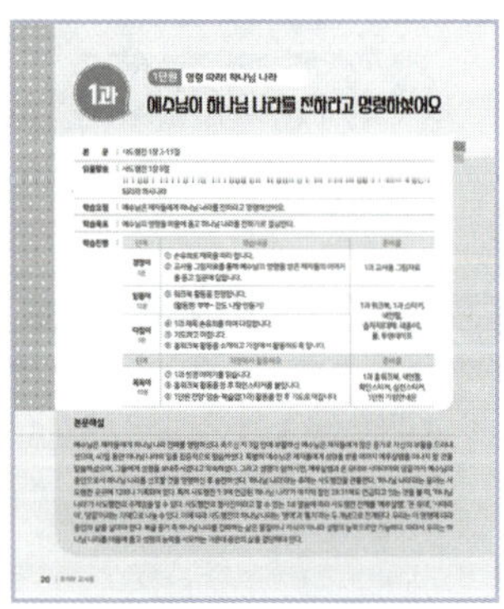

▶ 학습 진행

학습 단계와 진행 시간, 학습 내용, 준비물 등을 미리 숙지할 수 있습니다.

▶ 본문 해설

과별 본문 말씀을 하나님 나라 관점으로 해설하고 있습니다.

3 학습지도안

1단계 경청이 과별 성경 이야기를 듣고 복습합니다.

▶ 진행 1 | 과 제목 손유희

각 과 제목을 손유희로 배우도록 손유희 동작과 설명을 제시하고 있습니다.

▶ 진행 2 | 교사용 그림자료

부록에 있는 과별 교사용 그림자료로 내용을 확인하고 질문에 답할 수 있습니다.

◀ 어려운 단어와 용어를 유아의 눈높이에 맞추어 설명합니다.

2단계 믿음이 말씀과 연계된 활동을 진행합니다.

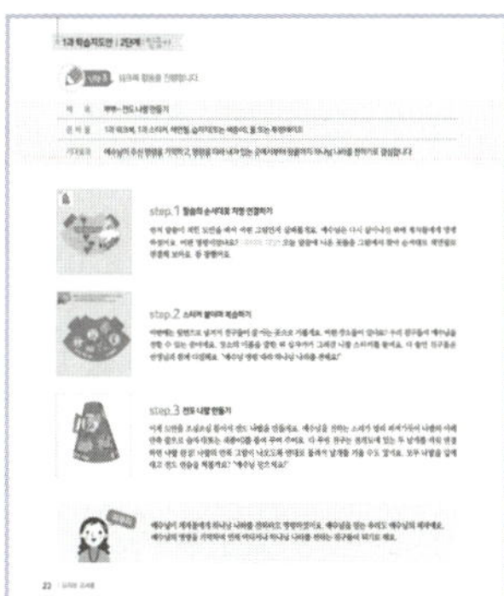

▶ 진행 3 | 학생용 워크북

과별 활동지를 가지고 활동을 할 수 있게 준비물, 사전준비, 활동 방법을 자세하게 제시하고 있습니다.

활동방법

사전 준비 내용과 STEP 1-3, 마무리 진행 멘트, 활동 방법을 숙지할 수 있습니다.

3단계 다짐이 과별 배운 말씀을 기억하고 다짐합니다.

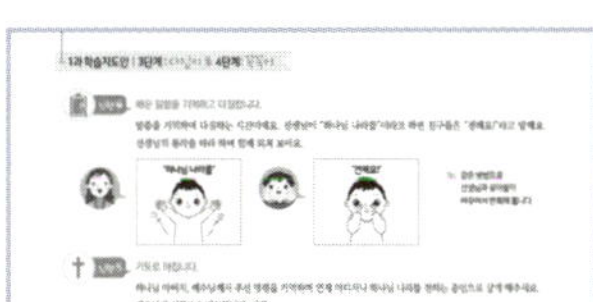

▶ 진행 4 | 다짐하기

배운 말씀을 기억하며 다짐하는 시간을 갖습니다.

▶ 진행 5 | 마침 기도

과별 내용을 정리하는 기도 내용을 확인할 수 있습니다.

4단계 꼭꼭이 가정에서 활용할 성경 스토리북과 홈워크북 활동을 안내합니다.

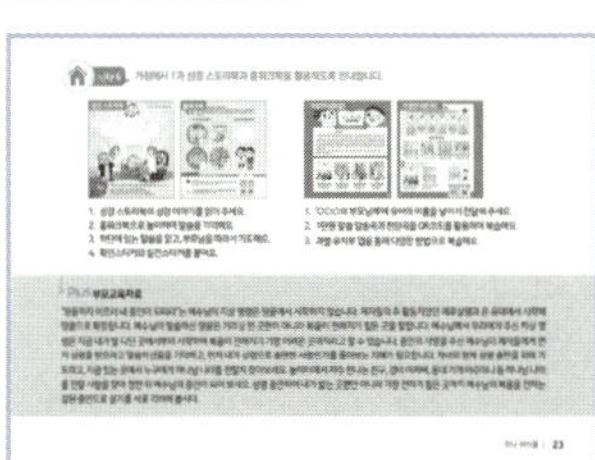

▶ 진행 6 | 가정 활동 안내

가정에서 활용할 성경 스토리북과 홈워크북, 가정안내문에 대한 내용을 확인할 수 있습니다.

PLUS 부모교육자료

부모교육 자료로 활용하도록 과별 성경 내용에 대해 간단한 진행가이드를 제시하고 있습니다.

TIP. 주보에 넣어 활용할 수 있습니다.

학생용 교재 활용법

1 교재 구성

유치부 학생용 교재는 **[교회용 워크북], [가정용 성경 스토리북 & 홈워크북]**으로 구성되어 있습니다.

2 교재 활용법 교회용 워크북

워크북(교회용)은 종이 교재와 기타 재료를 활용하여 성경 내용을 입체적으로 경험하도록 돕는 교재입니다. 교회에서 워크북과 재료를 준비하여 진행합니다. 교사의 준비와 진행을 돕는 단원 강의 영상과 공과 시연 영상을 통해 잘 준비할 수 있습니다.

① 과에 해당하는 워크북을 떼어 준비합니다.
② 과에 해당하는 단원 강의 및 공과 시연 영상을 통해 진행 방법을 숙지합니다.
③ 사전 준비에 해당하는 단계를 미리 준비해 놓습니다.
④ 완성 샘플을 미리 만들어 놓습니다.

3 부록 자료 활용법

학생용 부록 자료에는 **출석 스티커판**과 **생일카드, 칭찬 상장, 수료증**이 있습니다.

[출석 스티커판]
① 부록 자료에 있는 출석 스티커판을 떼어 코팅합니다.
② 네임펜으로 유아 이름을 쓰거나 라벨지로 붙입니다.
③ 교회에 보관하고 매주 출석을 부를 때 스티커를 붙이도록 합니다.

[칭찬상]
한 학기를 마친 후 각 유아의 특성에 맞게 적어 칭찬합니다.

[생일카드]
유아 생일 시 생일카드에 내용을 적어 축하합니다.

4 교재 활용법 가정용 성경 스토리북 & 홈워크북

<u>성경 스토리북</u>은 각 과마다 선생님께 들은 성경 이야기 내용을 스티커 붙이기와 그림 찾기 활동을 하며 복습하는 교재입니다.

① 과에 해당하는 성경 스토리북을 떼어 준비합니다.
② 과에 해당하는 활동을 합니다.
③ 성경 이야기를 읽으며 복습합니다.

<u>홈워크북</u>은 각 과 성경 스토리북 뒷면에 있습니다. 가정에서 주중에 다양한 활동을 하며 복습하는 교재입니다.
부모가 자녀와 함께 홈워크북 하단에 있는 핵심 성경 구절을 읽고 부모가 읽어주는 기도 문장을 따라서 자녀가 기도합니다.

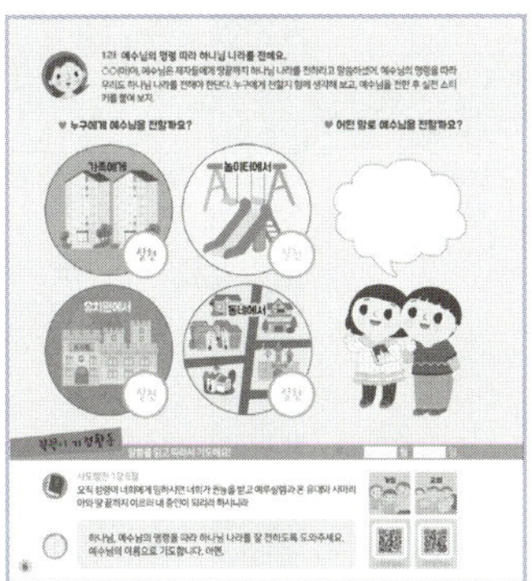

① 부모가 진행 멘트를 읽고 함께 활동합니다.
② 하단에 있는 말씀을 따라 읽고, 부모를 따라서 자녀가 기도합니다.
③ 주중에 활동한 후 다음 주에 교회에 가져옵니다.
▶ 한 학기를 마친 후에 홈워크북 활동지를 묶어서 성경 스토리북을 만들어 줍니다. (표지는 홈워크북 안에 있습니다.)

5 부록 자료 활용법

[가정안내문]
① 단원별 가정안내문으로, 단원이 시작될 때 가정에 보냅니다,
② 가정안내문에 있는 'OO의 부모님께' 란에 유아의 이름을 씁니다.
③ 가정안내문을 나눠 주며 가정에 붙여놓고 단원 말씀 암송 및 성경 스토리북과 홈워크북을 가정에서 활용하도록 안내합니다.

하나 바이블 유치부 앱(APP)

학생용

주중 가정에서 성경 스토리 영상, 찬양, 퍼즐 등으로 학습합니다.

교사 학부모 지도자용

1. **매일 큐티**
   앱 큐티로 말씀을 묵상하고, 영역별 기도 제목으로 매일 기도합니다.
2. **신앙 점검**
   개인 신앙 점검표를 날마다 작성합니다.
3. **유치부 단원 암송곡 영상**
   단원별 암송구절을 찬양과 율동으로 배우며 암송합니다.
4. **유치부 단원 찬양곡 영상**
   단원별 찬양을 율동과 함께 배웁니다.
5. **유치부 공과 시연 영상**
   과별 워크북 활동 준비물과 진행 방법을 확인할 수 있습니다.

앱(APP) QR 코드

1. QR코드를 찍어 주세요. (앱 다운로드 링크와 앱 사용 설명 영상 링크를 확인할 수 있습니다.)
2. 학생용·학부모·교사·지도자용 앱이 하나로! 다운로드 링크에 접속하여 '하나 바이블 유치부' 앱을 내려받아 설치해 주세요.
3. 자세한 사항은 QR코드의 사용 설명 영상 링크에 접속하여 실행 방법을 확인할 수 있습니다.
4. 로그인하여 다양한 앱 콘텐츠로 성경 공부 교재를 편리하게 사용하세요. 또한 주일학교 부서를 효과적으로 운영할 수 있습니다.
5. 앱 관련 문의는 02)559-5643 혹은 총회교육.com, 카카오톡 플러스 친구 '총회교육개발원'으로 해주세요.

유치부(APP)

교사 준비 체크 리스트

과	기도	말씀	심방
1과	✓	✓	✓
2과			
3과			
4과			
5과			
6과			
7과			
8과			
9과			
10과			
11과			
12과			
13과			

과	기도	말씀	심방
14과			
15과			
16과			
17과			
18과			
19과			
20과			
21과			
22과			
종려			
부활			
어린이			
어버이			

매 주일 기도와 말씀으로 주일을 준비하고
양 떼의 형편과 사정을 돌아보는 심방을 한 후 체크하세요.

1단원 명령 따라! 하나님 나라

하나 바이블 3과정 1학기의 주제는 '하나님 나라의 전파'입니다. 사도행전부터 빌립보서의 본문을 중심으로 예수님의 부활 승천 이후에 복음이 본격적으로 이방인에게 전파되는 과정, 든든히 세워지는 교회와 성도들의 삶을 배웁니다. 1단원 주제는 "명령 따라! 하나님 나라"로 복음을 전파하는 믿음의 사람들의 이야기를 통해 예수님의 명령을 따라 복음이 전파됨을 배웁니다.

▲1단원 찬양 ▲1단원 암송

단원 개요

1단원 주제는 "명령 따라! 하나님 나라"입니다. "하나님 나라를 전하라"는 예수님의 명령을 받은 제자들을 통해 복음이 전파되고 교회가 든든히 세워짐을 배웁니다. **1과**는 예수님께서 승천하시며 하나님 나라를 전하라는 지상명령을 제자들과 우리에게 주셨음을 배우고, **2과**는 하나님 나라 전파로 인해 초대교회가 세워지고 서로 나누는 성도들의 모습을 통해 하나님 나라의 복음이 더욱 확장됨을 배웁니다. **3과**는 베드로와 요한이 태어나면서부터 걷지 못한 자를 예수님 이름의 능력으로 낫게 한 이야기를 통해 하나님 나라는 예수님 이름의 능력으로 전파됨을 배우고, **4과**는 초대교회 일곱 집사 중 한 사람인 스데반이 공회 앞에서도 성령의 지혜와 능력으로 당당히 복음을 전한 이야기를 통해 우리도 세상 속에서 담대히 복음을 전해야 함을 배웁니다.

단원 티칭 가이드

1단원의 "명령 따라! 하나님 나라"를 통해 "복음을 전하라"는 예수님의 명령을 우리 아이들도 마음에 새기고 복음을 전하는 삶을 살아가도록 도와주세요. 초대교회 성도들처럼 나의 것을 나누며, 예수님 이름의 능력으로 이웃을 돕고, 지혜와 성령의 능력으로 담대히 세상을 살아가도록 기도해 주세요. 가정에서도 주중에 성경 스토리북과 홈워크북, 말씀 축복 기도를 통해 예수님의 명령을 따라 하나님 나라를 이루어 가도록 안내해 주세요.

오직 성령이 너희에게 임하시면 너희가 권능을 받고 예루살렘과 온 유대와 사마리아와 땅끝까지 이르러 내 증인이 되리라 하시니라 (사도행전 1장 8절)

오직 성령이 너희에게 임하시면
한 손으로 어깨를 한번 찍고 엄지손가락을 세워 앞으로 내민 후 반대 손도 똑같이 한다.

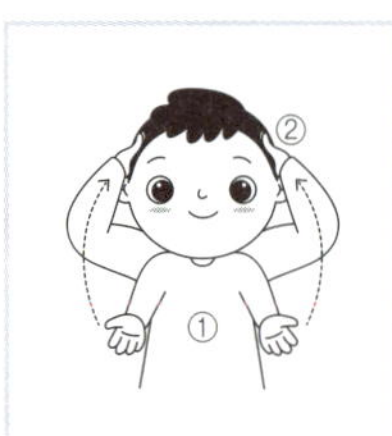

너희가 권능을 받고
양팔을 앞으로 뻗고 양손을 머리 위로 올린다.

예루살렘과
손바닥을 펴고 한 발씩 앞을 찍고 제자리로 돌아온다.

온 유대와 사마리아와
양손을 어깨 위로 올리고 한 발씩 앞을 찍고 제자리로 돌아온다.

땅끝까지 이르러
박수를 두 번 치고 한 팔을 뒤로 향한 후 다시 앞으로 뻗는다.

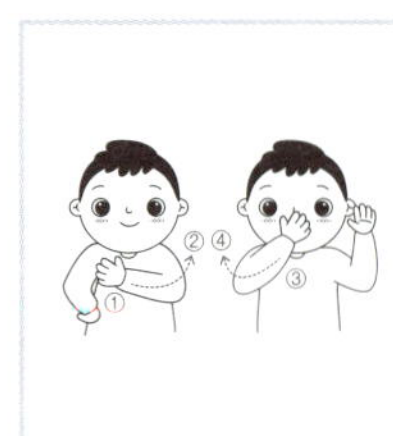

내 증인이 되리라 하시니라
한 손으로 가슴을 두 번 치고 옆으로 올린 후 다른 손으로 입을 두 번 치고 옆으로 올린다.

1과 예수님이 하나님 나라를 전하라고 명령하셨어요(행 1:3-11)

읽을 말씀 | 사도행전 1:8
학습요점 | 예수님은 제자들에게 하나님 나라를 전하라고 명령하셨어요.
적　　용 | 예수님의 명령을 마음에 품고 하나님 나라를 전하기로 결심한다.

2과 하나님 나라는 서로 나누는 교회를 통해 전파돼요(행 2:42-47)

읽을 말씀 | 사도행전 2:47
학습요점 | 하나님 나라를 전파하는 교회는 하나가 되어 서로 나누는 공동체예요.
적　　용 | 하나님 나라 백성인 나는 교회에 모이기를 힘쓰며 서로 나눈다.

3과 하나님 나라는 예수님 이름의 능력으로 전파돼요(행 3:1-10)

읽을 말씀 | 사도행전 3:6
학습요점 | 하나님 나라는 예수님 이름의 능력으로 전파돼요.
적　　용 | 예수님의 이름을 힘입어 이웃을 섬기고 사랑한다.

4과 하나님 나라는 지혜와 성령의 능력으로 전파돼요(행 6:8-15)

읽을 말씀 | 사도행전 6:10
학습요점 | 하나님 나라는 지혜와 성령의 능력으로 전파돼요.
적　　용 | 지혜와 성령의 능력으로 용기 있게 세상으로 나아간다.

성경 파노라마 띠

3과정 1학기

사도행전

사도행전 ———— 빌립보서

1단원 명령 따라! 하나님 나라

1과 예수님이 하나님 나라를 전하라고 명령하셨어요

본 문 | 사도행전 1장 3-11절

읽을말씀 | 사도행전 1장 8절
오직 성령이 너희에게 임하시면 너희가 권능을 받고 예루살렘과 온 유대와 사마리아와 땅끝까지 이르러 내 증인이 되리라 하시니라

학습요점 | 예수님은 제자들에게 하나님 나라를 전하라고 명령하셨어요.

학습목표 | 예수님의 명령을 마음에 품고 하나님 나라를 전하기로 결심한다.

학습진행 |

단계	학습내용	준비물
경청이 5분	① 손유희로 제목을 따라 합니다. ② 교사용 그림자료를 통해 예수님의 명령을 받은 제자들의 이야기를 듣고 질문에 답합니다.	1과 교사용 그림자료
믿음이 12분	③ 워크북 활동을 진행합니다. (활동명: 뿌뿌~ 전도 나팔 만들기)	1과 워크북, 1과 스티커, 색연필, 습자지(대체: 색종이), 풀, 투명테이프
다짐이 3분	④ 1과 제목 손유희를 하며 다짐합니다. ⑤ 기도하고 마칩니다. ⑥ 홈워크북 활동을 소개하고 가정에서 활동하도록 합니다.	
단계	**가정에서 활동해요**	**준비물**
꼭꼭이 10분	⑦ 1과 성경 이야기를 읽습니다. ⑧ 홈워크북 활동을 한 후 확인스티커를 붙입니다. ⑨ 1단원 찬양-암송-복습앱(1과) 활동을 한 후 기도로 마칩니다.	1과 홈워크북, 색연필, 확인스티커, 실천스티커, 1단원 가정안내문

본문해설

예수님은 제자들에게 하나님 나라 전파를 명령하셨다. 죽으신 지 3일 만에 부활하신 예수님은 제자들에게 많은 증거로 자신의 부활을 드러내셨으며, 40일 동안 하나님 나라의 일을 집중적으로 말씀하셨다. 특별히 예수님은 제자들에게 성령을 받을 때까지 예루살렘을 떠나지 말 것을 말씀하셨으며, 그들에게 성령을 보내주시겠다고 약속하셨다. 그리고 성령이 임하시면, 예루살렘과 온 유대와 사마리아와 땅끝까지 예수님의 증인으로서 하나님 나라를 선포할 것을 명령하신 후 승천하셨다. '하나님 나라'라는 주제는 사도행전을 관통한다. '하나님 나라'라는 용어는 사도행전 곳곳에 12회나 기록되어 있다. 특히 사도행전 1:3에 언급된 '하나님 나라'가 마지막 절인 28:31에도 언급되고 있는 것을 볼 때, '하나님 나라'가 사도행전의 주제임을 알 수 있다. 사도행전의 청사진이라고 할 수 있는 1:8 말씀에 따라 사도행전 전체를 '예루살렘', '온 유대', '사마리아', '땅끝'이라는 지역으로 나눌 수 있다. 이에 따라 사도행전의 하나님 나라는 '영역'과 '통치'라는 두 개념으로 전개된다. 우리는 이 명령에 따라 증인의 삶을 살아야 한다. 복음 증거 즉 하나님 나라를 전파하는 삶은 물질이나 지식이 아니라 성령의 능력으로만 가능하다. 따라서 우리는 하나님 나라를 마음에 품고 성령의 능력을 사모하는 가운데 증인의 삶을 결단해야 한다.

진행 1 제목을 손유희와 함께 들려줍니다.

선생님의 손유희를 따라 하면서 1과 제목을 따라 말해 보아요. **"예수님이 하나님 나라를 전하라고 명령하셨어요."**

	**예수님이** 양손 엄지손가락을 차례로 앞으로 내민다.		**하나님 나라를** 양팔을 차례로 위로 올린다.		**전하라고 명령하셨어요** 양손을 입가에 댄 후 앞으로 내민다.

진행 2 교사용 그림자료를 사용하여 성경 이야기를 들려주고, 질문을 합니다.

예수님은 성령님의 능력을 받아
하나님 나라를 전하라고
제자들에게 명령하셨어요.

"예루살렘과 온 유대와 사마리아와 땅끝까지 이르러
내 증인이 되어라!"
예수님은 제자들과 많은 사람에게 말씀하시고
그들이 보는 앞에서 하늘로 올라가셨어요.

Q 예수님은 제자들에게 무엇을 전하라고 하셨나요?

A 하나님 나라

우리 반 궁금이에게 이렇게 대답해 주세요.

증인이 뭐예요?
어떤 사항이나 사실에 대해 보고 들은 그대로 말하는 사람이에요.

진행 3 워크북 활동을 진행합니다.

제 목	뿌뿌~ 전도 나팔 만들기
준 비 물	1과 워크북, 1과 스티커, 색연필, 습자지(또는 색종이), 풀 또는 투명테이프
기대효과	예수님이 주신 명령을 기억하고, 명령을 따라 내가 있는 곳에서부터 땅끝까지 하나님 나라를 전하기로 결심합니다.

step.1 말씀의 순서대로 지명 연결하기

먼저 말씀이 적힌 도안을 펴서 어떤 그림인지 살펴볼게요. 예수님은 다시 살아나신 뒤에 제자들에게 명령하셨어요. 어떤 명령이었나요? (유아의 대답) 오늘 말씀에 나온 곳들을 그림에서 찾아 순서대로 색연필로 연결해 보아요. 참 잘했어요.

step.2 스티커 붙이며 복습하기

이번에는 뒷면으로 넘겨서 친구들이 잘 아는 곳으로 가볼게요. 어떤 장소들이 있나요? 우리 친구들이 예수님을 전할 수 있는 곳이에요. 장소의 이름을 말한 뒤 십자가가 그려진 나팔 스티커를 붙여요. 다 붙인 친구들은 선생님과 함께 다짐해요. "예수님 명령 따라 하나님 나라를 전해요!"

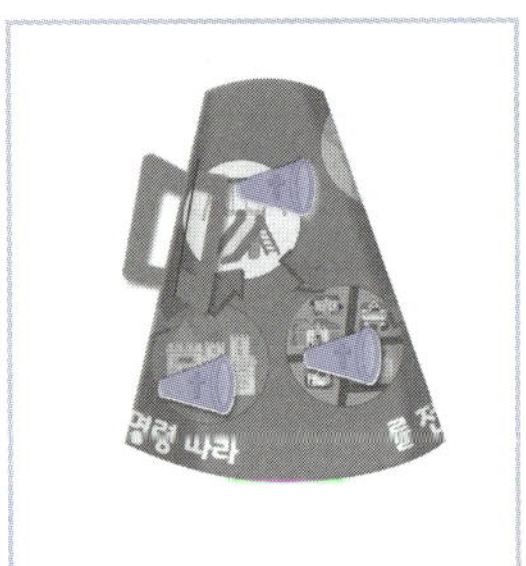

step.3 전도 나팔 만들기

이제 도안을 조심조심 뜯어서 전도 나팔을 만들게요. 예수님을 전하는 소리가 멀리 퍼져가듯이 나팔의 아래 안쪽 끝으로 습자지(또는 색종이)를 붙여 꾸며 주어요. 다 꾸민 친구는 전개도에 있는 두 날개를 끼워 연결하면 나팔 완성! 나팔의 안쪽 그림이 나오도록 반대로 돌려서 날개를 끼울 수도 있어요. 모두 나팔을 입에 대고 전도 연습을 해볼까요? "예수님 믿으세요!"

마무리

예수님이 제자들에게 하나님 나라를 전하라고 명령하셨어요. 예수님을 믿는 우리도 예수님의 제자예요. 예수님의 명령을 기억하여 언제 어디서나 하나님 나라를 전하는 친구들이 되기로 해요.

진행 4 배운 말씀을 기억하고 다짐합니다.

말씀을 기억하며 다짐하는 시간이에요. 선생님이 "하나님 나라를"이라고 하면 친구들은 "전해요!"라고 말해요. 선생님의 동작을 따라 하며 함께 외쳐 보아요.

Tip. 같은 방법으로 선생님과 유아들이 바꾸어서 반복해 봅니다.

진행 5 기도로 마칩니다.

하나님 아버지, 예수님께서 주신 명령을 기억하며 언제 어디서나 하나님 나라를 전하는 증인으로 살게 해주세요. 예수님의 이름으로 기도합니다. 아멘.

진행 6 가정에서 1과 성경 스토리북과 홈워크북을 활용하도록 안내합니다.

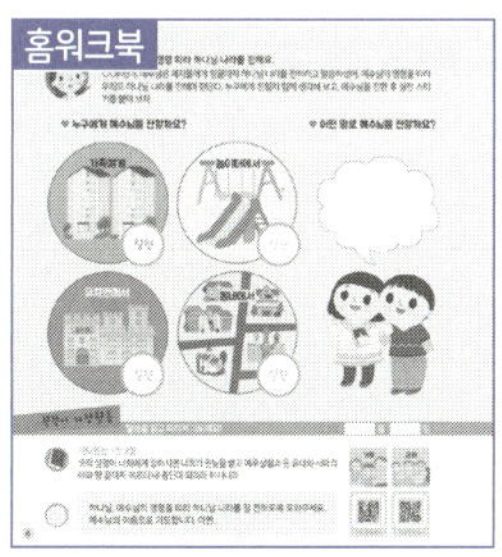

1. 성경 스토리북의 성경 이야기를 읽어 주세요.
2. 홈워크북으로 놀이하며 말씀을 기억해요.
3. 하단에 있는 말씀을 읽고, 부모님을 따라서 기도해요.
4. 확인스티커와 실천스티커를 붙여요.

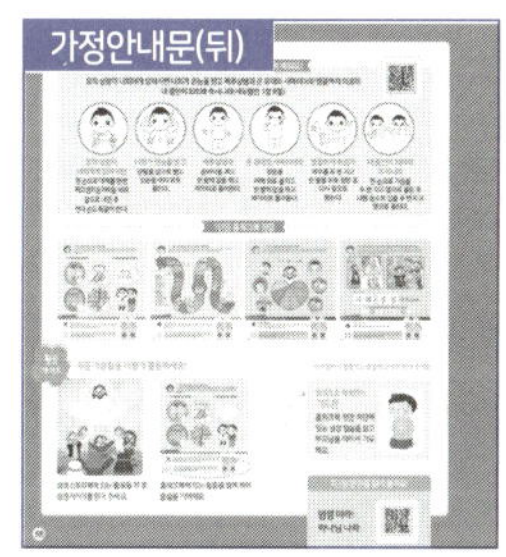

1. 'OOO의 부모님께'에 유아의 이름을 넣어서 전달해 주세요.
2. 1단원 말씀 암송곡과 찬양곡을 QR코드를 활용하여 복습해요.
3. 과별 유치부 앱을 통해 다양한 방법으로 복습해요.

Plus 부모교육자료

"땅끝까지 이르러 내 증인이 되리라"는 예수님의 지상 명령은 땅끝에서 시작하지 않습니다. 제자들의 주 활동지였던 예루살렘과 온 유대에서 시작해 땅끝으로 확장됩니다. 예수님이 말씀하신 땅끝은 거리상 먼 곳만이 아니라 복음이 전해지기 힘든 곳을 말합니다. 예수님께서 우리에게 주신 지상 명령은 지금 내가 발 디딘 곳에서부터 시작하여 복음이 전해지기 가장 어려운 곳까지라고 할 수 있습니다. 증인의 사명을 주신 예수님이 제자들에게 먼저 성령을 받으라고 말씀하셨음을 기억하고, 먼저 내가 성령으로 충만한 사람인가를 돌아보는 지혜가 필요합니다. 자녀와 함께 성령 충만을 위해 기도하고, 지금 있는 곳에서 누구에게 하나님 나라를 전할지 찾아보세요. 놀이터에서 자주 만나는 친구, 경비 아저씨, 동네 가게 아주머니 등 하나님 나라를 전할 사람을 찾아 정한 뒤 예수님의 증인이 되어 보세요. 성령 충만하여 내가 밟는 곳뿐만 아니라 가장 전하기 힘든 곳까지 예수님의 복음을 전하는 참된 증인으로 살기를 서로 격려해 봅시다.

1단원 명령 따라! 하나님 나라

2과 하나님 나라는 서로 나누는 교회를 통해 전파돼요

본　문 | 사도행전 2장 42-47절

읽을말씀 | 사도행전 2장 47절
하나님을 찬미하며 또 온 백성에게 칭송을 받으니 주께서 구원 받는 사람을 날마다 더하게 하시니라

학습요점 | 하나님 나라를 전파하는 교회는 하나가 되어 서로 나누는 공동체예요.

학습목표 | 하나님 나라 백성인 나는 교회에 모이기를 힘쓰며 서로 나눈다.

학습진행 |

단계	학습내용	준비물
경청이 5분	① 손유희로 제목을 따라 합니다. ② 교사용 그림자료를 통해 교회가 서로 나눔으로 하나님 나라가 전파되는 이야기를 듣고 질문에 답합니다.	2과 교사용 그림자료
믿음이 12분	③ 워크북 활동을 진행합니다. (활동명: 모여모여! 교회로!)	2과 학생용 워크북, 2과 스티커, 풀
다짐이 3분	④ 2과 제목 손유희를 하며 다짐합니다. ⑤ 기도하고 마칩니다. ⑥ 홈워크북 활동을 소개하고 가정에서 활동하도록 합니다.	
단계	**가정에서 활동해요**	**준비물**
꼭꼭이 10분	⑦ 2과 성경 이야기를 읽습니다. ⑧ 홈워크북 활동을 한 후 확인스티커를 붙입니다. ⑨ 1단원 찬양-암송-복습앱(2과) 활동을 한 후 기도로 마칩니다.	2과 홈워크북, 플라스틱 숟가락 3개, 종이컵, 2개의 말, 색연필, 확인 스티커

본문해설

예수님이 명령하신 하나님 나라의 확장은 지상 교회를 통해 전개된다. 주님이 약속하신 오순절 성령 강림 사건으로 인해 최초의 신약 교회가 설립되었다. 그리고 사도 베드로의 설교를 통해 믿는 사람이 급격하게 늘어났다. 그 결과 믿고 세례를 받은 사람들은 자연스럽게 초대교회 신앙 공동체를 형성하였다. 이렇게 형성된 공동체는 하나님 나라를 전파하는 공동체로서 서로 물건을 나누며, 세상을 향해서는 영적 영향력을 끼치는 믿음의 공동체였다. 초대교회 성도들은 사도의 가르침을 받았으며, 서로 교제하며 거룩한 떡을 나누었고, 함께 모여 기도하기를 힘썼다. 공동체가 모든 물건을 공유하면서 때에 따라 자기 재산을 팔아 각 사람의 필요에 따라 나눠 주었고, 한마음으로 성전에 모이기를 힘썼다. 그리하여 믿음의 공동체는 온 백성에게 칭찬을 받았으며, 이는 곧 복음 전파로 이어져 구원받는 사람들이 지속적으로 증가하였다. 교회는 하나님 나라를 전파하는 것이 제일 사명이다. 이를 위해 교회는 하나가 되어 서로 나누는 공동체가 되어야 한다. 초대교회 성도들이 모이기에 힘썼던 것처럼, 나만을 가장 중요하게 여기는 사회 속에서 우리는 더욱더 모이기에 힘써야 한다. 아울러 가르침을 받아야 하고, 서로 교제하며, 예배하고, 기도에 힘을 쓰는 가운데 사랑으로 섬기며 나누는 실천의 삶을 살아야 한다.

진행 1 제목을 손유희와 함께 들려줍니다.

선생님의 손유희를 따라 하면서 2과 제목을 따라 말해 보아요. **"하나님 나라는 서로 나누는 교회를 통해 전파돼요."**

	**하나님 나라는** 양팔을 차례로 위로 올린다.		**서로 나누는 교회를 통해** 양손 손바닥을 펴서 양쪽으로 펼친 후 양손을 세워 지붕 모양을 만든다.		**전파돼요** 양손을 가슴 앞에서 양옆으로 펼친다.

진행 2 교사용 그림자료를 사용하여 성경 이야기를 들려주고, 질문을 합니다.

2-①

"아멘, 아멘!" 예수님을 믿는 예루살렘 사람들이
매일 교회에 모여서 예배했어요.
"냠냠" 함께 음식도 나누어 먹고
필요한 것도 서로 나누었어요.

2-②

그러자 구원받는 사람들이 더욱 많아졌어요.
하나님 나라는 서로 나누는 교회를 통해 전파돼요.

Q 이곳에서 함께 모여 예배하고, 음식을 나누고, 서로 필요한 것도 나누어요. 하나님 나라를 전파하는 이곳은 어디일까요?

A 교회

우리 반 궁금이에게 이렇게 대답해 주세요.

교회가 뭐예요?

교회는 예수님을 믿어 하나님의 자녀가 된 사람들의 모임이에요. 그래서 교회는 건물이 아니에요. '우리 교회'라고 할 때 그 교회는 멋진 건물이 아니라 바로 '예수님을 믿는 우리'랍니다.

진행 3 워크북 활동을 진행합니다.

제 목	모여모여! 교회로!
준 비 물	2과 워크북, 2과 스티커, 풀
기대효과	배운 말씀을 그림 카드를 통해 기억하고, 그림 카드로 교회를 만들면서 교회 공동체에 대해 배웁니다.

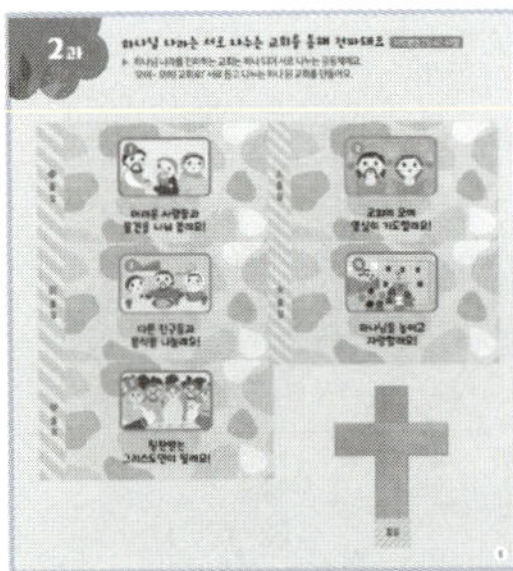

step.1 그림 카드를 보고 이야기하기

오늘은 도안에 있는 다섯 개의 그림 카드와 십자가로 아름다운 교회를 만들 거예요. 먼저 들은 말씀을 기억하면서 앞면에 있는 그림 카드 내용을 이야기하고, 말한 내용이 맞는지 말씀으로 확인해요. 그럼 이제 뒷면의 그림 카드를 살펴볼까요?

step.2 그림 카드를 살펴보고 ①~③번 그림과 십자가 붙이기

다섯 개의 그림 카드를 뒤로 돌리면 우리 친구들의 모습이 나와요. 어떤 모습인가요? (유아의 대답) 알맞은 자리에 스티커도 붙여주세요. ①~③번 그림 카드를 선을 따라 접고 같은 도형끼리 풀로 붙여주세요. 참 잘했어요. 이렇게 만든 세 개의 기둥을 풀로 붙이고, 기둥이 붙여진 편평한 곳에 십자가를 붙여요.

step.3 ④, ⑤번 그림을 붙여 교회 완성하기

남은 ④, ⑤번 그림 카드도 같은 방법으로 교회 기둥을 만든 다음 ①~③번 기둥에 붙여주어요. 짠! 어때요? 멋진 교회가 완성되었지요? 교회가 처음 시작되었을 때의 모습과 우리 친구들의 모습이 담긴 아름다운 교회예요.

마무리

예수님을 믿는 사람들이 함께 모여 예배하는 교회, 음식과 필요한 것을 서로 나누고 구원받는 사람이 점점 더 많아지는 교회는 모두 하나님이 기뻐하시는 교회예요. 친구들, 이런 교회를 통해 하나님 나라가 전파된다는 것을 꼭 기억해요.

진행 4 배운 말씀을 기억하고 다짐합니다.

배운 말씀을 잘 기억하기 위해서 큰 소리로 외쳐 볼게요.

Tip. 같은 방법으로 선생님과 유아들이 바꾸어서 반복해 봅니다.

진행 5 기도로 마칩니다.

하나님 아버지, 귀한 교회를 주셔서 감사해요. 함께 모여 예배하고 서로 나누는 하나님이 기뻐하시는 교회가 되게 해주세요. 예수님의 이름으로 기도합니다. 아멘.

진행 6 가정에서 2과 성경 스토리북과 홈워크북을 활용하도록 안내합니다.

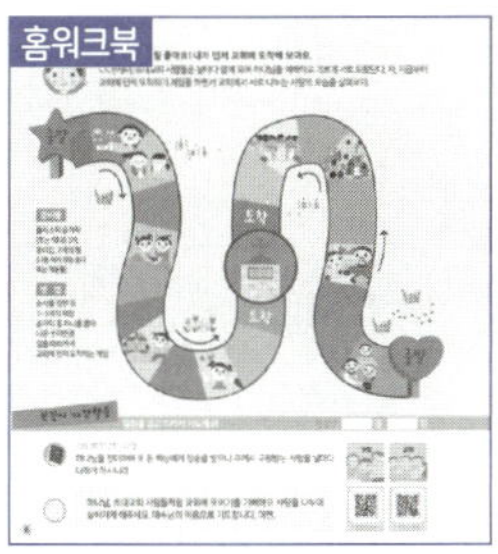

1. 성경 스토리북의 성경 이야기를 읽어 주세요.
2. 홈워크북으로 놀이하며 말씀을 기억해요.
3. 하단에 있는 말씀을 읽고, 부모님을 따라서 기도해요.
4. 확인스티커와 실천스티커를 붙여요.

Plus 부모교육자료

믿음의 가정인 나와 우리 가족은 초대교회 사람들처럼 주위의 필요를 돌아보고 그 필요를 채워 주며 살고 있나요? 또는 언제라도 나눌 준비가 되어 있나요? 진정한 나눔의 실천은 가장 가깝고 중요한 가정에서부터 시작됩니다. 생각보다 많은 부부가 시간과 재정과 마음을 나누는 것에 어려움을 느낍니다. 가정 안에서 나는 부부, 부모, 자녀로서 어떻게 나눔을 실천하는지 점검하고, 연약한 부분과 변화되어야 할 부분이 있다면 성령님께 도움을 구하는 시간을 가져보길 바랍니다. 그리고 앞으로 나눔을 실천할 구체적인 방법과 기대되는 마음도 나누도록 합니다. 부모를 통해 자녀가 나눔을 배우고, 부부에게서 가족으로, 이웃과 교회, 선교지 등으로 확대해 가는 실천을 경험하게 해주세요. 자녀가 좋아하는 간식을 나누고, 아픈 사람을 위로하고 기도하는 일, 다른 이의 필요를 생각하고 말해 보도록 하는 일이 초대교회의 모습을 자연스럽게 익히고 실천하도록 도울 것입니다.

3과

1단원 명령 따라! 하나님 나라

하나님 나라는 예수님 이름의 능력으로 전파돼요

본 문 | 사도행전 3장 1-10절

읽을말씀 | 사도행전 3장 6절
베드로가 이르되 은과 금은 내게 없거니와 내게 있는 이것을 네게 주노니 나사렛 예수 그리스도의 이름으로 일어나 걸으라 하고

학습요점 | 하나님 나라는 예수님 이름의 능력으로 전파돼요.

학습목표 | 예수님의 이름을 힘입어 이웃을 섬기고 사랑한다.

학습진행 |

단계	학습내용	준비물
경청이 5분	① 손유희로 제목을 따라 합니다. ② 교사용 그림자료를 통해 예수님 이름의 능력으로 걷게 된 사람의 이야기를 듣고 질문에 답합니다.	3과 교사용 그림자료
믿음이 12분	③ 워크북 활동을 진행합니다. (활동명: 걷고 뛰고 찬양해! 춤추는 인형 만들기)	3과 학생용 워크북, 부록지, Y모양 할핀 2개, 투명테이프, 실(30cm 정도)
다짐이 3분	④ 3과 제목 손유희를 하며 다짐합니다. ⑤ 기도하고 마칩니다. ⑥ 홈워크북 활동을 소개하고 가정에서 활동하도록 합니다.	

단계	가정에서 활동해요	준비물
꼭꼭이 10분	⑦ 3과 성경 이야기를 읽습니다. ⑧ 홈워크북 활동을 한 후 확인스티커를 붙입니다. ⑨ 1단원 찬양-암송-복습앱(3과) 활동을 한 후 기도로 마칩니다.	3과 홈워크북, 색연필, 확인스티커

본문해설

하나님 나라는 예수님 이름의 능력으로 전파된다. 하나님 나라에서는 하늘과 땅과 땅 아래 있는 모든 자들이 '예수의 이름'에 무릎을 꿇게 된다. 하나님 나라는 '매인 자'를 '자유 자'로 회복시킨다. 그 놀라운 일이 바로 예수 그리스도의 이름으로 이루어진다. 예루살렘에서 시작된 교회가 성장하고 있을 때였다. 태어나면서부터 걷지 못하여 성전 미문에서 구걸하며 살던 사람이 '나사렛 예수 그리스도의 이름'으로 치유를 받는 놀라운 일이 발생했다. 이 일은 하나님 나라가 '예수 그리스도의 이름'으로 '매임'에서 '해방'을 가져오는 나라임을 보여준다. 하나님 나라는 예수 그리스도의 이름으로 통치되는 나라다. 나면서부터 걷지 못하던 사람은 은과 금을 바랐지만, 하나님은 그에게 참된 자유를 주시고 건강을 회복시켜 주셨다. 그것은 은과 금이 아니라 바로 '예수 그리스도의 이름'을 통해서였다. 베드로와 요한은 하나님 나라의 대행자로서 예수님의 이름으로 하나님 나라의 참된 자유를 드러내는 역할을 감당한 것이다. 이는 물질이 만능인 것처럼 보이는 오늘날 우리에게 시사해 주는 바가 크다. 선천적 장애로 인해 고난 가운데 있던 사람이 베드로와 요한을 통해 예수님의 이름으로 회복되어 다시 일어났다. 이처럼 우리도 고난 중에 있는 이웃을 예수님의 이름으로 사랑하고 섬기는 삶을 통해 하나님 나라를 전파해야 한다.

진행 1 제목을 손유희와 함께 들려줍니다.

선생님의 손유희를 따라 하면서 3과 제목을 따라 말해 보아요. **"하나님 나라는 예수님 이름의 능력으로 전파돼요."**

	**하나님 나라는** 양팔을 차례로 위로 올린다.		**예수님 이름의 능력으로** 양손 엄지손가락을 앞으로 내민 후 위로 올린다.		**전파돼요** 양손을 가슴 앞에서 양옆으로 펼친다.

진행 2 교사용 그림자료를 사용하여 성경 이야기를 들려주고, 질문을 합니다.

3-①

"은과 금은 없지만 내게 있는 것을 줄게요.
예수님의 이름으로 일어나 걸으세요!"
베드로는 태어나면서 걷지 못한 사람을
예수님의 이름으로 고쳐 주었어요.

3-②

이 사람은 걷고 뛰기도 하며 하나님을 찬양했어요.
하나님 나라는 예수님 이름의 능력으로 전파돼요.

Q 태어나면서부터 걷지 못했던 사람은 누구의 이름으로 걷게 되었나요?

A 예수님

우리 반 궁금이에게 이렇게 대답해 주세요.

'예수님의 이름'은 부르기만 하면 이루어지는 주문 같은 건가요?
하나님은 성경에서 하늘에 있는 것이나 땅과 땅 아래에 있는 모든 것이 예수님의 이름에 무릎을 꿇고 예수님이 왕(주인)으로 지극히 높은 영광을 받으신다고 하셨어요(빌 2:10). '예수님의 이름'에는 능력이 있어요. 오직 예수님의 이름으로만 구원과 회복, 자유와 기도 응답이 있어요. 베드로와 요한은 예수님 이름의 능력을 믿었어요. 예수님의 이름을 믿을 때 병이 고쳐지고 예수님께 영광을 돌리게 되어요.

진행 3 워크북 활동을 진행합니다.

제 목	걷고 뛰고 찬양해! 춤추는 인형 만들기
준 비 물	3과 워크북, 부록지, Y모양 할핀 2개, 실 30cm 정도, 투명테이프(할핀 안전용)
기대효과	예수님 이름의 능력으로 걷게 된 사람 인형을 만들며 배운 말씀을 기억하고, 우리도 예수님의 이름을 힘입어 이웃을 섬기고 사랑합니다.

사전준비

① 실을 잘라 준비합니다.

step.1 도안대로 뜯기

성전으로 들어가는 미문에 앉아 구걸하던 사람의 이야기를 기억하지요? 태어날 때부터 걷지 못하던 이 사람이 어떻게 걷고 뛰게 되었나요? (유아의 대답) 맞아요. 예수님의 이름으로! 그는 일어나 걷게 되자 가장 먼저 무엇을 했나요? (유아의 대답) 그래요. 하나님을 찬양했어요. 그래서 오늘은 춤추며 찬양하는 인형을 만들어 보려고 해요. 선을 따라 도안을 뜯어보아요.

step.2 인형의 몸에 다리와 실 연결하기

인형 다리에는 위와 아래에 각각 두 개의 구멍이 있어요. 몸통 뒤에 다리를 놓고 몸통의 구멍과 다리의 아래쪽 구멍을 맞추어 보세요. 이제 할핀으로 연결해요. 다리 위쪽에 있는 작은 구멍은 다리를 움직일 수 있도록 실을 넣어 하나로 연결한 후 매듭을 지어요. 이때 매듭과 실 사이의 공간을 여유 있게 주어야 다리가 잘 움직여요. 할핀과 실의 매듭을 짓는 것은 선생님이 도와줄게요.

Tip. ① 자연스러운 움직임을 위해 할핀을 여유 있게 고정합니다.
② 유아의 안전을 위해 할핀의 날개에 투명테이프를 붙입니다.

step.3 춤추는 인형 움직여 보기

와, 춤추는 인형이 완성되었어요! 완성된 인형을 움직여 보아요. 실의 매듭 부분을 잡고 살살 아래로, 위로 당겨 볼까요? 인형이 춤을 추네요! 참 잘했어요.

Tip. 부록지에 있는 베드로와 요한의 그림을 무대에 세우고, 찬양에 맞춰 춤추는 인형을 움직여 보는 활동을 합니다.

마무리

베드로가 "예수님의 이름으로 일어나 걸으라!"고 외치자 태어날 때부터 걷지 못했던 사람이 걷고, 뛰고, 찬양하게 되었어요. 예수님을 믿는 우리에게 주신 '예수님 이름의 능력'으로 이웃을 섬기고 사랑하며 사는 친구들이 되기로 해요.

진행 4 배운 말씀을 기억하고 다짐합니다.

춤추는 인형을 움직이며 큰 소리로 외쳐 볼까요? 선생님이 "예수님의 이름으로" 하고 외치면, 친구들은 실을 잡아 당기며 "일어나 걸으라!" 하며 하나님을 찬양해요.

"예수님의 이름으로 일어나 걸으라!"

진행 5 기도로 마칩니다.

하나님 아버지, 예수님의 이름에 능력이 있다는 것을 알게 해주시고 믿음을 주셔서 감사해요. 우리도 예수님의 이름으로 이웃을 섬기게 해주시고, 예수님의 이름을 찬양하는 사람들이 많아지게 해주세요. 예수님의 이름으로 기도합니다. 아멘.

진행 6 가정에서 3과 성경 스토리북과 홈워크북을 활용하도록 안내합니다.

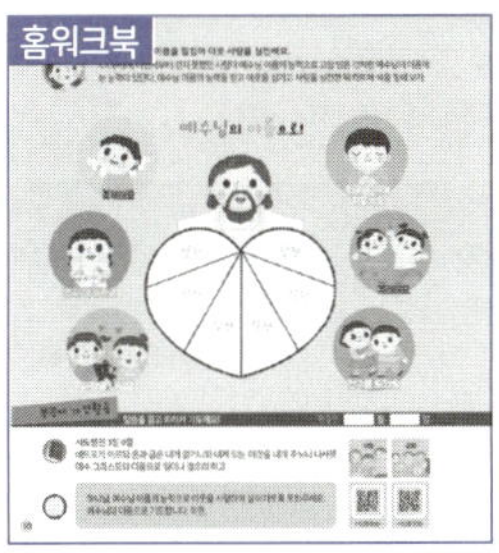

1. 성경 스토리북의 성경 이야기를 읽어 주세요.
2. 홈워크북으로 놀이하며 말씀을 기억해요.
3. 하단에 있는 말씀을 읽고, 부모님을 따라서 기도해요.
4. 확인스티커와 실천스티커를 붙여요.

Plus 부모교육자료

이번 과에서는 날 때부터 걷지 못하던 사람이 예수님 이름의 능력으로 일어나 걷고 변화된 이야기를 들었습니다. 예수님 이름의 능력은 무엇보다 예수님을 믿고 고백할 때 나타납니다. 걷지 못하는 사람을 변화시킨 것은 은과 금이 아니라 예수님 이름의 능력이었습니다. 세상은 은과 금과 같은 물질을 최고의 가치로 여기며 그것을 추구하고 의지하게 합니다. 우리 가정이 물질의 가치보다 비교할 수 없이 큰 예수님 이름의 능력을 믿고 있는지 점검해 봅시다. 자녀와 함께 돈보다 더 가치 있는 것(사랑, 가족, 친구, 건강, 믿음 등)은 무엇이 있는지 이야기하고, 돈으로 얻는 만족보다 하나님이 주시는 기쁨과 감사를 나누며, 예수님 이름의 능력을 힘입어 이웃을 섬김으로 하나님 나라를 전하는 믿음의 가정이 되기를 바랍니다.

1단원 명령 따라! 하나님 나라

4과 하나님 나라는 지혜와 성령의 능력으로 전파돼요

본 문 | 사도행전 6장 8-15절

읽을말씀 | 사도행전 6장 10절
스데반이 지혜와 성령으로 말함을 그들이 능히 당하지 못하여

학습요점 | 하나님 나라는 지혜와 성령의 능력으로 전파돼요.

학습목표 | 지혜와 성령의 능력으로 용기 있게 세상으로 나아간다.

학습진행 |

단계	학습내용	준비물
경청이 5분	① 손유희로 제목을 따라 합니다. ② 교사용 그림자료를 통해 지혜와 성령의 능력으로 복음을 전한 스데반 이야기를 듣고 질문에 답합니다.	4과 교사용 그림자료
믿음이 12분	③ 워크북 활동을 진행합니다. (활동명: 복음 전하는 나! 만들기)	4과 학생용 워크북, 풀 또는 양면테이프
다짐이 3분	④ 4과 제목 손유희를 하며 다짐합니다. ⑤ 기도하고 마칩니다. ⑥ 홈워크북 활동을 소개하고 가정에서 활동하도록 합니다.	
단계	**가정에서 활동해요**	**준비물**
꼭꼭이 10분	⑦ 4과 성경 이야기를 읽습니다. ⑧ 홈워크북 활동을 한 후 확인스티커를 붙입니다. ⑨ 2단원 찬양-암송-복습앱(4과) 활동을 한 후 기도로 마칩니다.	4과 홈워크북, 색연필, 확인스티커

본문해설

하나님 나라는 성령의 지혜와 능력으로 전파된다. 하나님 나라는 사도들을 통해서 전파되었지만, 초대교회 성도를 통해서도 전파되었다. 스데반 집사는 그 성도들의 대표라고 할 수 있다. 스데반은 일곱 집사 중 한 사람으로서 믿음과 성령이 충만한 사람이었다. 그는 은혜와 권능이 충만했을 뿐 아니라 표적을 행하기도 했다. 또한 그가 하나님 나라를 위해 논쟁할 때는 지혜와 성령으로 말했기 때문에 유대인들이 그를 당할 수 없을 정도였다. 공중 앞에 선 스데반은 성령의 지혜로 유대인의 언어, 역사, 말씀을 사용하여 복음을 능력 있게 전파했다. 그러나 성령의 역사를 거부하는 군중들은 스데반을 더욱 경멸하고 훼방했다. 성령으로 말미암아 스데반의 지혜가 빛날수록 어둠 가운데 거하는 군중들의 악함은 더욱 드러났다. 결국 그들은 마음의 찔림을 받고도 도리어 이를 갈며 소리 지르고, 귀를 막고 일제히 달려들어 돌로 쳤다. 스데반은 이와 같은 훼방 속에서도 성령의 지혜로 담대하게 복음을 선포했으며, 그 결과 하나님 나라가 확장되었다. 성령의 지혜와 능력으로 전파되는 하나님 나라는 그 누구도 막을 수 없다. 스데반이 복음을 전했을 때 많은 반대와 방해에 부딪혔던 것처럼, 하나님 나라가 전파될 때 박해와 방해가 있기 마련이다. 그럴수록 우리는 힘과 지혜가 아니라 성령의 지혜와 능력이 필요하다. 우리는 성령의 지혜와 능력으로 담대하게 하나님 나라를 전파해야 한다.

진행 1 제목을 손유희와 함께 들려줍니다.

선생님의 손유희를 따라 하면서 4과 제목을 따라 말해 보아요. **"하나님 나라는 지혜와 성령의 능력으로 전파돼요."**

	**하나님 나라는** 양팔을 차례로 위로 올린다.		**지혜와 성령의 능력으로** 왼손 검지를 머리에 대고, 오른손은 펼쳐서 가슴에 댄다.		**전파돼요** 양손을 가슴 앞에서 양옆으로 펼친다.

진행 2 교사용 그림자료를 사용하여 성경 이야기를 들려주고, 질문을 합니다.

4-①

"여러분, 예수님 믿으세요!
예수님을 믿으면 구원받아요."
은혜와 권능이 충만한 스데반은
백성에게 예수님을 전하고 놀라운 기적을 행하였어요.

4-②

공회에 잡혀 왔을 때도 하나님이 주신 지혜와
성령의 능력으로 용기 있게 예수님을 전했어요.
하나님 나라는 지혜와 성령의 능력으로 전파돼요.

Q 스데반이 용기 있게 하나님 나라를 전할 수 있었던 것은 무엇 때문인가요?

A 지혜와 성령의 능력

우리 반 궁금이에게 이렇게 대답해 주세요.

'박해'가 뭐예요?

박해는 핍박과 같은 말로, 한 사람이나 여러 사람이 괴롭게 해서 견디기 힘든 어려움을 겪는 것을 말해요.

진행 3 워크북 활동을 진행합니다.

제 목	복음 전하는 나! 만들기
준 비 물	4과 워크북, 풀 또는 양면테이프
기대효과	배운 말씀을 기억하며 지혜와 성령의 능력을 구하고 용기 있게 복음을 전하기로 다짐합니다.

step.1 표정 읽기 놀이

도안의 큰 네모에는 우리 동네와 비슷한 건물들이 있어요. 친구들의 모습도 보이지요? 그런데 친구들의 표정이 어떤가요? (유아의 대답) 이런 친구들을 만난다면 기분이 어떨까요? (유아의 대답) 스데반은 이런 표정의 사람들 앞에서 용기 있게 복음을 전했어요. 워크북에 있는 도안을 잘 뜯어 선대로 접어 볼게요.

step.2 배운 내용 기억하기

건물이 그려진 곳이 앞으로 보이도록 큰 네모를 접으면 건물들이 세워져요. 예수님을 전할 때 즐거운 일도 많지만 때로는 친구가 화를 내기도 하고, 비웃고, 놀리고, 혼자가 되기도 해요. 그럴 때도 스데반처럼 담대하게 하나님 나라를 전하려면 무엇이 필요할까요? 접힌 큰 네모에 그 답이 있어요. 함께 읽어 볼게요. "지혜와 성령의 능력으로" 맞아요. 그러면 우리도 어떻게 할 수 있다고요? 긴 하트 막대의 글로 확인할까요? "복음을 가지고 용기 있게 나아가요!"

step.3 복음 전하는 나! 미션 완성하기

이제 '성령'이라고 적힌 하트 막대의 왼쪽 끝에 '나'(성별에 맞는 그림이 앞으로 나오도록)를 풀로 붙이고, 큰 네모의 창으로 넣어 빼주세요. 그런 다음 큰 네모의 아래를 풀로 붙여요. 이제 큰 네모의 오른쪽 붙이는 곳에 '친구들'을 붙여요. 자, 복음을 가지고 나아갈 준비가 되었다면 "하나, 둘, 셋!" 하고 성령님 하트 손잡이를 살살 당겨 보아요. 친구들 앞까지 용기 있게 나아가도록 성령님이 도와주세요.

마무리

어떤 어려움에도 지혜와 성령의 능력으로 용기 있게 하나님 나라를 전한 스데반처럼 우리 친구들도 지혜와 성령님이 주시는 능력으로 용기 있게 하나님 나라를 전하기로 다짐해요.

진행 4 배운 말씀을 기억하고 다짐합니다.

말씀을 기억하며 다짐하는 시간이에요. 선생님을 따라 함께 외쳐요.

진행 5 기도로 마칩니다.

하나님 아버지, 우리가 어떤 어려움에도 용기 있게 하나님 나라를 전할 수 있도록 성령님의 지혜와 능력을 주세요. 예수님의 이름으로 기도합니다. 아멘.

진행 6 가정에서 4과 성경 스토리북과 홈워크북을 활용하도록 안내합니다.

1. 성경 스토리북의 성경 이야기를 읽어 주세요.
2. 홈워크북으로 놀이하며 말씀을 기억해요.
3. 하단에 있는 말씀을 읽고, 부모님을 따라서 기도해요.
4. 확인스티커와 실천스티커를 붙여요.

Plus 부모교육자료

스데반은 하나님 나라의 복음을 전하며 수많은 박해와 어려움을 겪었습니다. 그러나 그에 굴하지 않고 담대하게 하나님 나라를 전했습니다. 스데반의 담대함은 바로 성령님의 함께하심에서 비롯되었습니다. 성령의 지혜와 능력은 그에게 유대인의 언어, 역사, 말씀을 가지고 하나님 나라를 전하게 했고, 그 누구도 그런 스데반을 이길 수 없었습니다. 오늘날도 복음을 전할 때 수많은 박해와 방해가 있습니다. 부모인 우리와 우리의 자녀가 언제 어디서나 하나님 나라 백성의 모습으로 살아가기 위해서는 스데반에게 임한 성령의 지혜와 능력이 필요합니다. 스데반과 함께하신 성령님께서 오늘 나의 자녀와 함께하신다는 사실을 자녀에게 반드시 가르쳐 주십시오. 성령님이 함께하심을 자녀가 늘 기억한다면 자신이 속한 모든 곳에서 성령님이 주시는 지혜와 능력으로 담대하게 복음을 전하는 자로, 하나님 나라 백성답게 살아가게 될 것입니다. 어떠한 핍박과 어려움에도 당당하고 담대하게 살아갈 힘을 얻도록 말씀을 통해 자녀들을 가르치는 가정이 되기를 바랍니다.

2단원 말씀대로! 하나님 나라

2단원 주제는 "말씀대로! 하나님 나라"입니다. "오직 성령이 너희에게 임하시면 너희가 권능을 받고 예루살렘과 온 유대와 사마리아와 땅끝까지 이르러 내 증인이 되리라"는 예수님의 말씀대로 복음이 예루살렘에서 온 유대와 사마리아, 땅끝까지 전파됩니다. 예루살렘교회에 임한 박해와 핍박으로 성도들이 여러 곳으로 흩어지게 되었지만, 이는 오히려 복음이 전파되는 계기가 되었습니다. 이것은 이방인에게까지 복음이 전파되도록 말씀을 이루시는 하나님의 계획이었습니다. 2단원에서는 예루살렘을 넘어 이방인에게까지 하나님 나라가 전파되는 과정을 배웁니다.

▲2단원 찬양 ▲2단원 암송

단원 개요

5과는 예루살렘교회에 임한 박해와 핍박으로 흩어진 성도들이 계속해서 복음을 전했고, 사마리아 성에서도 복음이 전해진 이야기를 통해 어려움 속에서도 하나님 나라는 말씀대로 전파됨을 배웁니다. **6과**는 성령의 인도하심을 받아 빌립이 에디오피아 내시를 만나 복음을 전한 이야기를 통해 하나님 나라는 하나님이 이끄시는 만남을 통해 전파됨을 배웁니다. **7과**는 하나님이 교회를 핍박하던 사울을 부르셔서 이방인을 위한 복음 전도자로 세우신 이야기를 통해 하나님 나라는 부활하신 예수님을 만나 부르심을 받은 한 사람(나)을 통해 전파됨을 배웁니다. **8과**는 유대인 베드로가 이방인 고넬료 가족에게 복음을 전함으로 세례를 받게 되는 이야기를 통해 하나님 나라는 우리의 생각을 넘어 성령의 인도하심으로 전파됨을 배웁니다.

단원 티칭 가이드

2단원의 "말씀대로! 하나님 나라"를 통해 하나님 나라는 어려움 속에서도 말씀대로 계속해서 전파되며, 부르심을 받은 우리를 통해 전파됨을 알려주세요. 또한 우리는 만나는 사람들에게 언제나 복음을 전해야 하며, 그 복음은 우리의 편견과 생각을 내려놓고 순종할 때 전파됨을 알려주세요. 가정에서도 주중에 성경 스토리북과 홈워크북, 말씀 축복 기도를 통해 하나님의 변치 않는 말씀을 의지하며 하나님 나라를 이루어 가도록 안내해 주세요.

이 사람은 내 이름을 이방인과 임금들과 이스라엘 자손들에게 전하기 위하여 택한 나의 그릇이라(사도행전 9장 15절 하반절)

이 사람은 내 이름을
한 손을 앞으로 펼친 후 펼친 손의 엄지손가락으로 나를 가리킨다.

이방인과 임금들과
가위 손으로 앞과 옆을 찍고 반대 손으로 주먹 쥐고 앞과 옆을 찍는다.

이스라엘 자손들에게
양팔을 옆으로 벌린 뒤 손을 들어 한 손가락씩 접는다.

전하기 위하여
무릎을 구부렸다 펴면서 양손을 입가에 모은 후 양팔을 편다.

택한 나의
주먹을 쥔 양팔을 접어 가슴에서 찍은 후 양손 엄지손가락으로 나를 가리킨다.

그릇이라
양팔과 손을 앞으로 펼쳐 가운데로 모은다.

5과 하나님 나라는 흩어짐을 통해 전파돼요(행 8:1-8)

읽을 말씀 | 사도행전 8:5
학습요점 | 하나님 나라는 박해에도 불구하고 하나님의 말씀대로 전파돼요.
적　　용 | 모든 일은 하나님의 뜻 가운데 있음을 알고 내가 있는 지금 이곳에서 복음을 전한다.

6과 하나님 나라는 만남을 통해 전파돼요(행 8:26-40)

읽을 말씀 | 사도행전 8:29
학습요점 | 하나님 나라는 하나님이 만나게 하심으로 전파돼요.
적　　용 | 하나님이 주시는 만남을 위해 기도하고 복음을 전할 준비를 한다.

7과 하나님 나라는 부르심을 받은 사람을 통해 전파돼요(행 9:1-16, 참고/갈 1:16)

읽을 말씀 | 사도행전 9:15
학습요점 | 하나님 나라는 부활하신 예수님을 만나 부르심을 받은 사람을 통해 전파돼요.
적　　용 | 하나님 나라 전파를 위해 나를 부르심을 알고, 어디(영역)에 가서 무엇(내용)을 할 지 찾아본다.

8과 하나님 나라는 우리의 생각을 넘어 전파돼요(행 10:30-35, 44-48)

읽을 말씀 | 사도행전 10:47
학습요점 | 하나님 나라는 우리의 생각을 넘어 성령의 인도하심으로 전파돼요.
적　　용 | 전도에 대한 나의 편견을 내려놓고 성령님의 인도하심을 따른다.

성경 파노라마 띠

3과정 1학기

사도행전 (표시)

사도행전 ———————————— 빌립보서

2단원 말씀대로! 하나님 나라

5과 하나님 나라는 흩어짐을 통해 전파돼요

본 문 | 사도행전 8장 1-8절

읽을말씀 | 사도행전 8장 5절
빌립이 사마리아 성에 내려가 그리스도를 백성에게 전파하니

학습요점 | 하나님 나라는 박해에도 불구하고(어렵고 힘든 속에서도) 하나님의 말씀대로 전파돼요.

학습목표 | 모든 일은 하나님의 뜻 가운데 있음을 알고 내가 있는 지금 이곳에서 복음을 전한다.

학습진행 |

단계	학습내용	준비물
경청이 5분	① 손유희로 제목을 따라 합니다. ② 교사용 그림자료를 통해 큰 박해로 흩어진 사람들이 하나님 나라를 전파하는 이야기를 듣고 질문에 답합니다.	5과 교사용 그림자료
믿음이 12분	③ 워크북 활동을 진행합니다. (활동명: 휘휘~ 흩어져라! 부채 만들기)	5과 학생용 워크북, 5과 스티커, 색 종이접시 1개, 말판, 색연필, 전지 1장
다짐이 3분	④ 5과 제목 손유희를 하며 다짐합니다. ⑤ 기도하고 마칩니다. ⑥ 홈워크북 활동을 소개하고 가정에서 활동하도록 합니다.	
단계	**가정에서 활동해요**	**준비물**
꼭꼭이 10분	⑦ 5과 성경 이야기를 읽습니다. ⑧ 홈워크북 활동을 한 후 확인스티커를 붙입니다. ⑨ 2단원 찬양-암송-복습앱(5과) 활동을 한 후 기도로 마칩니다.	5과 홈워크북, 필기도구, 확인 스티커, 2단원 가정안내문

본문해설

성령의 역사로 교회가 세워지고 가르침과 선포, 기도와 떡을 나눔, 교제와 섬김을 통해 성장한 예루살렘교회에 큰 박해가 시작되었다. 그러나 박해로 인해 흩어진 하나님 나라 백성들을 통해 하나님 나라는 사마리아 지역에까지 확장되었다. 특별히 흩어진 성도 중에서 빌립 집사는 사마리아 성에 가서 복음을 전파했다. 그 결과 그곳에 사는 자들이 빌립의 선포와 표적을 보고 구원을 얻었으며 큰 기쁨을 얻게 되었다. 사마리아에 복음이 선포되었다는 것은 그 당시 엄청난 일이었다. 왜냐하면 선민의식에 사로잡힌 유대인은 사마리아인을 때로는 이방인보다 더 무시했기 때문이다. 따라서 사마리아로 복음이 전파되었다는 사실은 유대와 사마리아 사이의 민족적·종교적으로 부정적인 관계가 해결되었음을 암시한다. 세상의 박해로 인해 하나님 나라 백성이 흩어질지라도, 하나님은 그 '흩어짐'조차 사용하셔서 도리어 새로운 평화와 하나 됨을 이루신다. 우리는 이것을 믿어야 한다. 우리는 모든 일이 하나님의 계획 가운데 있음을 알아야 한다. 하나님은 박해로 인한 흩어짐까지도 사용하신다. 따라서 우리는 상황과 환경에 흔들리지 말고, 내가 있는 지금 이곳에서 최선을 다해 하나님 나라를 전파하는 사명을 감당해야 한다.

진행 1 제목을 손유희와 함께 들려줍니다.

선생님의 손유희를 따라 하면서 5과 제목을 말해 보아요. **"하나님 나라는 흩어짐을 통해 전파돼요."**

	**하나님 나라는** 양팔을 차례로 위로 올린다.		**흩어짐을 통해** 양 손바닥을 빙글빙글 돌리면서 큰 원을 만들며 아래로 내려온다.		**전파돼요** 양손을 가슴 앞에서 양옆으로 펼친다.

진행 2 교사용 그림자료를 사용하여 성경 이야기를 들려주고, 질문을 합니다.

5-①

"예수님 믿는 사람들을 모두 잡아 감옥에 가두었대요."
"아이, 무서워! 다른 곳으로 멀리멀리 갑시다."
예루살렘교회 사람들은 큰 박해를 피해
유대와 사마리아 지방으로 흩어졌어요.

5-②

"예수님 믿으세요!"
흩어진 사람들은 어디서나 예수님을 전했어요.
하나님 나라는 어렵고 힘든 가운데서도 전파돼요.

Q 큰 박해를 피해 흩어진 예루살렘교회 사람들은 무엇을 했나요?

A 예수님을 전했어요.

우리 반 궁금이에게 이렇게 대답해 주세요.

왜 하나님은 그리스도인들을 흩어지게 하셨을까요?
하나님은 유대뿐 아니라 이방 나라에도 하나님 나라가 전파되기를 원하셨어요. 비록 큰 박해 때문에 흩어졌지만, 흩어진 그리스도인들을 통해 하나님 나라가 더 많이 전파되는 하나님의 뜻이 이루어진 것이에요.

진행 3 워크북 활동을 진행합니다.

제 목	휘휘~ 흩어져라! 부채 만들기
준 비 물	5과 워크북, 5과 스티커, 색 종이접시 1개, 내 모습(말판), 색연필(유아별), 반별 전지 1장
기대효과	모든 일은 하나님의 뜻 가운데 있음을 알고, 모든 상황 가운데 지금 내가 있는 이곳에서 복음을 전하기로 다짐합니다.

사전준비

① 반별로 전지를 미리 준비합니다.
② 만들기를 하는 동안 바닥에 전지를 붙여 전도 놀이를 준비합니다.

step.1 그림 보고 이야기 나누기

친구들, (앞면 그림을 보이며) 사람들이 무엇을 하는 걸까요? 왜 이렇게 떠나고 있을까요? (유아의 대답) 맞아요. 많은 그리스도인은 복음을 전하다가 큰 핍박을 받았어요. 견디기가 힘들어진 그들은 예루살렘을 떠나 사마리아와 모든 땅으로 흩어졌어요. (뒷면 그림을 보이며) 친구들도 살던 곳을 떠나 이사한 적이 있나요? 정든 곳, 정든 친구들과 헤어져서 새로운 곳으로 가게 될 때 어떤 기분이 들까요? 낯선 곳, 낯선 사람들, 새 친구들을 만나면 어떨까요? (유아의 대답) 오늘은 휘휘~ 흩어져라! 부채를 만들고 활동을 해볼게요.

step.2 재료를 이용해 부채 만들기

도안에서 동그란 그림판을 떼어 앞뒷면 그림 중 하나를 선택해 색 종이접시에 붙이세요. 이제 부채와 아이 그림('내' 말판)에 자기 이름 또는 나만의 표시를 해주세요.

Tip. ① 색 종이접시는 튼튼하고 바람을 잘 일으키기 위한 용도입니다.
② '나' 말판을 살짝 접으면 바람에 더 잘 날립니다.

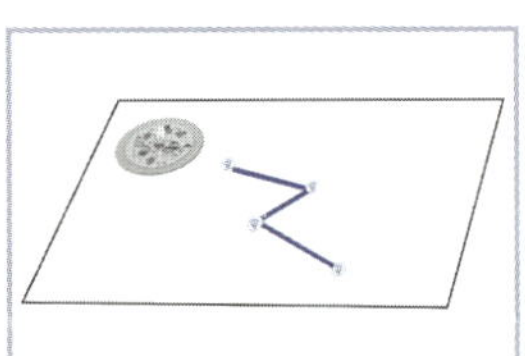

step.3 예수님 전하고 선 연결하기

자, 이제부터 친구들이 만든 부채를 이용해 '예수님 전하기' 놀이를 할 거예요. 휘휘~ 흩어져라! 부채로 바람을 일으켜 '내' 말판을 움직여요. 내 말판이 도착한 곳에서 "예수님 믿으세요!"라고 외친 후 전도 스티커를 전지에 붙여요. 친구들과 순서를 정해 부채질해요. 내가 지나온 자리마다 전도 스티커를 붙이고, 원하는 색으로 전지에 선을 이어주세요.

Tip. 반 활동에 맞게 부채질의 횟수와 유아의 순서는 선생님이 정합니다.

마무리

친구들, 전도 놀이 재미있었나요? 흩어진 그리스도인들을 통해 하나님 나라가 널리 전파되었다는 것을 기억하고, 내가 있는 지금 이곳에서 하나님 나라 복음을 전하는 멋진 사람이 되기로 해요.

진행 4 배운 말씀을 기억하고 다짐합니다.

만든 부채로 바람을 일으키며 함께 외쳐 보아요.

"내가 지금 있는 이곳에서 복음을 전해요!"

진행 5 기도로 마칩니다.

하나님 아버지, 어렵고 힘든 가운데에도 하나님의 말씀대로 복음이 전해진 것을 배웠어요. 내가 있는 곳에서 하나님 나라를 전하는 복음의 사람이 되도록 도와주세요. 예수님의 이름으로 기도합니다. 아멘.

진행 6 가정에서 5과 성경 스토리북과 홈워크북을 활용하도록 안내합니다.

1. 성경 스토리북의 성경 이야기를 읽어 주세요.
2. 홈워크북으로 놀이하며 말씀을 기억해요.
3. 하단에 있는 말씀을 읽고, 부모님을 따라서 기도해요.
4. 확인스티커와 실천스티커를 붙여요.

1. 'OOO의 부모님께'에 유아의 이름을 넣어서 전달해 주세요.
2. 2단원 말씀 암송곡과 찬양곡을 QR코드를 활용하여 복습해요.
3. 과별 유치부 앱을 통해 다양한 방법으로 복습해요.

Plus 부모교육자료

당시 그리스도인들은 심한 핍박으로 인해 고향인 예루살렘을 떠나 흩어지게 되었습니다. 이는 흩어진 그들과 함께 복음이 이방인에게 선포되는 놀라운 하나님의 뜻이었습니다. 때로 우리는 이해할 수 없는 상황에 놓이고, 원하지 않지만 떠나야 할 때도 있습니다. 우리의 뜻이 아니어서 당황하고 힘들지만, 하나님은 우리의 모든 상황을 통해 역사하시고 최선의 길로 이끄시는 우리의 주인이십니다. 힘든 상황에서 낙심되고 불평하고 싶은 유혹이 있을 때, 오히려 지금 이곳이 복음 전파를 위해 내가 보내심을 받은 곳은 아닌지 잠잠히 묵상하십시오. 하나님의 뜻이 어디에 있는지, 나는 어떻게 그리스도인으로서 복음을 전할지 생각하고, 사랑과 수고로 섬기기를 결심해 보십시오. 특별한 사명으로 이끄시고 준비시키시는 하나님의 뜻을 알게 될 것입니다. 믿음으로 반응하는 부모를 보고 자란 우리의 자녀 역시 어느 상황, 어느 곳이든 하나님의 뜻을 먼저 찾고, 하나님의 보내심을 받은 귀한 자녀로 멋지게 사명을 감당하는 믿음의 인물이 될 것입니다.

6과

2단원 말씀대로! 하나님 나라

하나님 나라는 만남을 통해 전파돼요

본　　문 | 사도행전 8장 26-40절

읽을말씀 | 사도행전 8장 29절
성령이 빌립더러 이르시되 이 수레로 가까이 나아가라 하시거늘

학습요점 | 하나님 나라는 하나님이 만나게 하심으로 전파돼요.

학습목표 | 하나님이 주시는 만남을 위해 기도하고 복음을 전할 준비를 한다.

학습진행 |

단계	학습내용	준비물
경청이 5분	① 손유희로 제목을 따라 합니다. ② 교사용 그림자료를 통해 에디오피아 내시에게 복음을 전한 빌립 이야기를 듣고 질문에 답합니다.	6과 교사용 그림자료
믿음이 12분	③ 워크북 활동을 진행합니다. (활동명: 안녕, 안녕! 만남의 책 만들기)	6과 학생용 워크북, 6과 스티커, 풀 또는 양면테이프
다짐이 3분	④ 6과 제목 손유희를 하며 다짐합니다. ⑤ 기도하고 마칩니다. ⑥ 홈워크북 활동을 소개하고 가정에서 활동하도록 합니다.	
단계	**가정에서 활동해요**	**준비물**
꼭꼭이 10분	⑦ 6과 성경 이야기를 읽습니다. ⑧ 홈워크북 활동을 한 후 확인스티커를 붙입니다. ⑨ 2단원 찬양-암송-복습앱(6과) 활동을 한 후 기도로 마칩니다.	6과 홈워크북, 색연필, 확인스티커

본문해설

하나님 나라는 하나님이 주권적으로 만나게 하심으로 전파된다. 본문은 빌립 집사를 통해 에디오피아의 이방인에게까지 하나님 나라가 확장되었음을 보여준다. 빌립 집사는 성령의 이끄심으로 사마리아 지역을 넘어 가사 지역에까지 복음 전파를 위해 나아갔다. 그러던 중 에디오피아 여왕 간다게의 내시는 예배하기 위하여 예루살렘에 왔다가 돌아가는 길목에서 빌립과 마주하게 된다. 성령의 지시에 따라 빌립은 그에게 나아가 예수님에 대해 가르치며 복음을 전했다. 그는 겸손히 복음을 받아들였으며 세례를 받고 신자가 되었다. 이 모든 과정에서 특별한 만남을 주관하신 분은 성령님이셨다. 성령께서 빌립을 만남의 장소로 이끄셨으며, 간다게 여왕의 내시가 나타났을 때 그에게로 이끌어 만나게 하신 것이다. 이 사건은 복음이 온 유대와 사마리아를 넘어 땅끝을 향하고 있음을 우리에게 보여준다. 우리는 하나님 나라가 하나님이 주관하시는 특별한 만남을 통해 전파된다는 사실을 기억해야 한다. 하나님 나라는 특별한 만남을 통해 전파된다. 그리고 그 만남을 주관하시는 분은 하나님이시다. 하나님은 그 특별한 만남에 하나님 나라 백성인 우리를 사용하신다. 따라서 우리는 성령의 인도하심에 순종하는 가운데 복음 전파를 위한 특별한 만남을 사모하며 준비해야 한다.

진행 1 제목을 손유희와 함께 들려줍니다.

선생님의 손유희를 따라 하면서 6과 제목을 말해 보아요. **"하나님 나라는 만남을 통해 전파돼요."**

	**하나님 나라는** 양팔을 차례로 위로 올린다.		**만남을 통해** 양손을 맞잡고 흔든다.		**전파돼요** 양손을 가슴 앞에서 양옆으로 펼친다.

진행 2 교사용 그림자료를 사용하여 성경 이야기를 들려주고, 질문을 합니다.

6-①

"일어나 광야로 가거라." 빌립은 성령님의 이끄심대로
광야로 가서 에디오피아 내시를 만났어요.
"이사야의 말씀에 어린 양은 누구를 가리키나요?"
"바로 우리를 구원하신 예수님이세요!"

6-②

에디오피아 내시는 복음을 듣고 세례를 받았어요.
하나님 나라는 만나게 하심으로 전파돼요.

Q 하나님은 빌립을 광야로 보내 누구를 만나게 하셨나요?

A 에디오피아 내시

우리 반 궁금이에게 이렇게 대답해 주세요.

에디오피아의 내시는 어떤(무슨 일을 하는) 사람이에요?
당시 에디오피아는 아주 강한 나라였어요. 이 내시는 에디오피아의 간다게 여왕의 신하로, 나라의 돈을 맡아 관리하는 아주 중요한 일을 했어요. 이러한 사람이 하나님의 말씀을 알고 싶어 했다니 정말 놀라운 일이에요.

진행 3 워크북 활동을 진행합니다.

제 목	안녕, 안녕! 만남의 책 만들기
준 비 물	6과 워크북, 6과 스티커, 풀 또는 양면테이프
기대효과	만남의 책을 만들어 열어보면서 배운 말씀을 기억하고, 누구를 어디서 만나든 복음을 전할 수 있도록 준비하기로 다짐합니다.

step.1 친구와 인사한 후 도안대로 뜯기

친구들, 옆의 친구와 인사해 볼까요? 안녕? 안녕! 오늘 우리가 만들 책의 이름이 바로 '안녕, 안녕! 만남의 책'이에요. 빌립과 내시가 만난 이야기 잘 들었지요? 두 사람은 만나서 무엇을 했나요? (유아의 대답) 네, 맞아요. 빌립에게서 복음을 들은 에디오피아 내시는 세례도 받았어요. 오늘 만들 책은 만드는 방법이 아주 쉬워요. 먼저 워크북에 있는 도안을 잘 뜯고 선대로 접었다가 펴주세요.

step.2 만남의 책 만들기

책인데 왜 가운데에 구멍이 있냐고요? 가운데 있는 구멍이 바로 이 책의 비밀이에요. 선대로 접어 앞뒷면 각 두 번의 풀칠이면 완성! 자, 시작해 볼게요. 앞면 풀칠 부분에 풀칠을 하고 가운데로 접으면서 붙여요. 잘했어요. 이번에는 풀칠을 하고 아래, 위 방향으로 접으면서 붙이면, 짜잔! 책이 완성되었어요. 참 쉽죠?

step.3 배운 말씀을 기억하며 다짐하기

자, 이제 만남의 책을 펴가며 이야기 나눌까요? 책의 첫 장에 있는 그림을 보세요. 누구죠? (유아의 대답) 빌립이 하나님의 말씀대로 광야로 걸어가고 있어요. "안녕!" 인사하면서 열린 곳을 펼쳐주세요. 또 다른 그림이 나와요. (유아가 돌아가며 이야기하도록 한다.) ① 에디오피아 내시가 수레를 타고 오고 있어요. 에디오피아 내시는 말씀을 보며 궁금해해요. 다 함께 "안녕!" 이번에도 열린 곳을 펼쳐주세요. (동일한 방법으로 계속 진행한다.) ② 빌립이 내시에게 예수님을 알려주고 있어요. ③ 여기 친구가 있어요. 누구를 만나서 복음을 전하고 싶은지 자유롭게 스티커를 붙이고 서로 이야기 나누어요.

마무리

하나님께서는 만남을 통해 복음을 전하게 하세요. 빌립이 내시를 만났을 때 복음을 잘 전한 것처럼 우리도 누구를 만나든지 복음을 전해야 해요. 하나님은 나에게 누구를 만나게 하셔서 복음을 전하게 하실까요? 그때 나는 빌립처럼 복음을 잘 전할 수 있나요? 하나님이 주시는 만남을 위해서 기도하고, 복음을 잘 전하기 위해 준비하는 우리 친구들이 되기로 해요.

진행 4 배운 말씀을 기억하고 다짐합니다.

하나님이 주시는 만남을 기대하며 복음을 잘 전하기로 다짐하는 친구들, 선생님이 "하나님 나라는"이라고 하면, 친구들은 "만남을 통해 전파돼요"라고 손유희하며 크게 외쳐요.

Tip. 같은 방법으로 선생님과 유아들이 바꾸어서 반복해 봅니다.

진행 5 기도로 마칩니다.

하나님 아버지, 빌립이 내시에게 복음을 전한 것처럼, 나도 하나님이 만나게 해주시는 사람들에게 복음을 전하길 원해요. 잘 준비할 수 있도록 도와주세요. 예수님의 이름으로 기도합니다. 아멘.

진행 6 가정에서 6과 성경 스토리북과 홈워크북을 활용하도록 안내합니다.

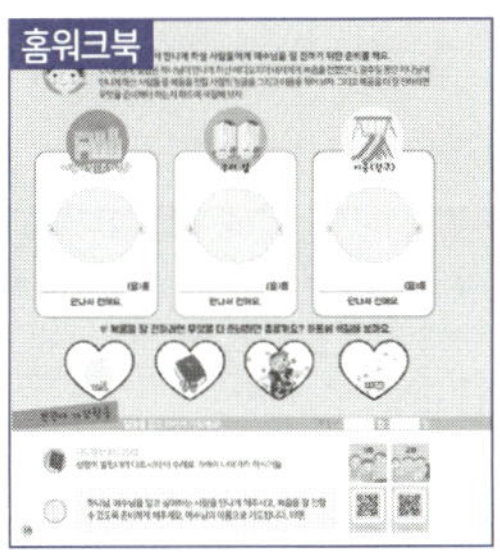

1. 성경 스토리북의 성경 이야기를 읽어 주세요.
2. 홈워크북으로 놀이하며 말씀을 기억해요.
3. 하단에 있는 말씀을 읽고, 부모님을 따라서 기도해요.
4. 확인스티커와 실천스티커를 붙여요.

plus 부모교육자료

빌립과 에디오피아 내시의 만남은 주의 사자 즉 하나님의 인도였습니다. 에디오피아 내시에게 복음이 전해진 것은 장차 복음이 땅끝까지 전파될 것을 알려 주는 사건입니다. 당시는 이방인에게 복음 전하는 것을 생각할 수도 없는 때였고, 이방인인 그가 선지자 이사야의 글을 읽고 있다는 것은 하나님을 알고자 하는 진지한 마음이 이미 그에게 있었음을 나타냅니다. 하나님이 주권적으로 이끄신 만남에서 내시는 복음을 받아들이고 신앙의 고백이자 표현인 세례를 받고 신자가 됩니다. 복음 전파는 겉으로 보기에는 사람이 하는 것 같지만 하나님이 주권적으로 이끄시고 권능으로 역사하신다는 것을 기억해야 합니다. 그리고 하나님의 인도하심에 따라 준비된 영혼을 만나게 될 때 우리 자신도 복음을 전할 준비가 되어 있어야 합니다. 십자가 복음에 대해 우리 가정은 얼마나 알고, 또한 소개할 준비가 되어 있습니까? 하나님이 주시는 소중한 만남의 때를 위해 말씀을 사모한 내시처럼 겸손함으로 말씀을 배우는 자리에 나아가고, 빌립처럼 순종하여 복음을 전하는 우리 가정이 되기를 바랍니다.

7과

2단원 말씀대로! 하나님 나라

하나님 나라는 부르심을 받은 사람을 통해 전파돼요

본 문 | 사도행전 9장 1-16절(참고, 갈라디아서 1장 16절)

읽을말씀 | 사도행전 9장 15절 하반절
이 사람은 내 이름을 이방인과 임금들과 이스라엘 자손들에게 전하기 위하여 택한 나의 그릇이라

학습요점 | 하나님 나라는 부활하신 예수님을 만나 부르심을 받은 사람을 통해 전파돼요.

학습목표 | 하나님 나라 전파를 위해 나를 부르심을 알고, 어디(영역)에 가서 무엇(내용)을 할지 찾아본다.

학습진행 |

단계	학습내용	준비물
경청이 5분	① 손유희로 제목을 따라 합니다. ② 교사용 그림자료를 통해 예수님을 만난 사울이 변화되어 하나님 나라를 전하는 이야기를 듣고 질문에 답합니다.	7과 교사용 그림자료
믿음이 12분	③ 워크북 활동을 진행합니다. (활동명: 촤르륵~ 촤르륵! 앞뒤로 보는 이야기책 만들기)	7과 학생용 워크북, 7과 스티커, 부록지, 풀 또는 양면테이프
다짐이 3분	④ 7과 제목 손유희를 하며 다짐합니다. ⑤ 기도하고 마칩니다. ⑥ 홈워크북 활동을 소개하고 가정에서 활동하도록 합니다.	
단계	**가정에서 활동해요**	**준비물**
꼭꼭이 10분	⑦ 7과 성경 이야기를 읽습니다. ⑧ 홈워크북 활동을 한 후 확인스티커를 붙입니다. ⑨ 2단원 찬양-암송-복습앱(7과) 활동을 한 후 기도로 마칩니다.	7과 홈워크북, 색연필, 확인스티커

본문해설

하나님 나라는 부활하신 예수님을 만나 부르심을 받은 사람을 통해 전파된다. 사울(바울)은 주님의 제자들을 향해 위협과 살기가 등등한 자였다. 그는 대제사장에게 가서 예수 믿는 사람들을 결박할 공문을 요청하여 받아 들고 다메섹으로 향했다. 그런데 다메섹으로 가던 도중 홀연히 하늘로부터 빛이 자신을 둘러 비추는 가운데 부활하신 예수님을 만났다. 이 사건은 기독교 역사상 매우 획기적인 사건 중 하나가 되었다. 사울은 부활하신 예수님을 만난 후 회심하였고, 이방인을 위한 사도로 부르심을 받아 하나님 나라를 전파하는 자가 되었기 때문이다. 이후 바울은 이방 땅을 향해 하나님 나라를 확장하는 데 매우 중요한 역할을 하게 된다. 특히 바리새파 중에서 바울이 속한 분파는 비교적 율법에 대해 관대했으며, 이방인에 대해서도 어느 정도 열려 있었다. 이는 바울의 회심과 함께 하나님 나라가 이방 땅으로 확장되는 중요한 연결고리가 되었다. 유대교와 율법에 열심을 내던 바울은 부활하신 예수님을 만남으로 이방인을 향해 하나님 나라를 전파하는 인생으로 변화된 것이다. 바울이 부활하신 예수님을 만남으로 이방인의 사도가 되어 하나님 나라를 전파했다. 우리도 바울처럼 하나님 나라의 전파자가 되기 위해서는 부활하신 예수님을 진정으로 만나야 한다. 즉 예수님의 십자가와 부활을 진정으로 믿을 때 가능하다. 따라서 우리는 하나님께서 하나님 나라 전파를 위해 우리를 부르셨음을 알고 복음 증거의 삶을 살아야 한다.

진행 1 제목을 손유희와 함께 들려줍니다.

선생님의 손유희를 따라 하면서 7과 제목을 말해 보아요. **"하나님 나라는 부르심을 받은 사람을 통해 전파돼요."**

	**하나님 나라는** 양팔을 차례로 위로 올린다.		**부르심을 받은 사람을 통해** 양손 엄지손가락으로 나를 가리킨다.		**전파돼요** 양손을 가슴 앞에서 양옆으로 펼친다.

진행 2 교사용 그림자료를 사용하여 성경 이야기를 들려주고, 질문을 합니다.

사울은 예수님 믿는 사람들을 잡으러
다메섹으로 가고 있었어요.
"사울아, 네가 왜 나를 괴롭히느냐?"
부활하신 예수님이 사울을 만나주셨어요.

"이 사람은 나를 널리 전파할 사람이다."
예수님은 사울을 전도자로 부르셨어요.
하나님 나라는 부르심을 받은 사람을 통해 전파돼요.
나도 하나님이 전도자로 부르셨어요.

Q 사울은 누구를 만나 변화되었나요?

A 부활하신 예수님

우리 반 궁금이에게 이렇게 대답해 주세요.

왜 바울은 처음에 예수님을 믿는 사람들을 잡아 가두고 괴롭혔어요?
예수님을 만나기 전 '사울'이었던 바울은 바리새인이었고 예수님을 잘 알지 못했기 때문에 자신이 하는 일이 하나님을 위한 일이라고 굳게 믿었어요. 잘못된 믿음은 열심을 낼수록 더 죄를 짓는 것이 되지요.

진행 3 워크북 활동을 진행합니다.

제 목	좌르륵~ 좌르륵! 앞뒤로 보는 이야기책 만들기
준 비 물	7과 워크북, 7과 스티커, 부록지, 풀 또는 양면테이프
기대효과	부활하신 예수님을 만나 변화된 사울(바울)의 이야기를 직접 말해 보고, 나를 만나주신 예수님을 전하기로 다짐합니다.

step.1 도안대로 뜯기

좌르륵~ 좌르륵! 이게 무슨 소리냐고요? 이 소리는 우리가 지금부터 만들 이야기책 소리예요. 다메섹으로 가던 이 사람은 강한 빛 가운데서 부활하신 예수님을 만나 변화되었어요. 누구의 이야기인가요? (유아의 대답) 맞아요. 사울(바울)이에요. 배운 말씀이 좌르륵~ 좌르륵! 앞뒤로 넘기는 책이 되도록 함께 만들고 이야기 나누어요. 먼저 도안대로 뜯어주세요.

step.2 좌르륵1. 앞면 '사울'의 이야기 만들기

큰 네모와 사다리 모양의 도안에는 짝이 되는 그림이 있어요. 앞면과 뒷면, 어떻게 짝을 맞추면 될까요? 짝인 두 장의 그림을 풀로 붙여서 연결해요. 말씀을 기억하면서 사울의 이야기를 친구들과 함께 만들어 볼게요. (사울 이야기: ① 사울이 다메섹으로 가던 길에 부활하신 예수님을 만났어요. ② 강한 빛을 본 사울은 그만 앞을 보지 못하게 되었어요. ③ 예수님은 아나니아에게 사울을 부탁하시며 이방인을 위해 준비된 자라고 말씀하셨어요. ④ 아나니아에게 안수받은 사울은 다시 보게 되었고 ⑤ 예수님을 전하는 전도자가 되었답니다.) 잘 기억하고 있네요.

step.3 좌르륵2. 뒷면 '나'의 이야기 만들기

이제 뒤로 넘겨 볼까요? 어떤 상황인가요? 이 친구는 왜 다른 친구들과 어울리지 못할까요? (유아들의 자유로운 대답을 들어 본다.) 아, 그렇구나! 예수님을 만나면 친구에게 자신 있게 다가갈 수 있을까요? 우리 친구가 용기를 낼 수 있을까요? 좋아요. 선생님을 따라 외치면서 이야기책을 넘겨 보아요. "좌르륵~ 좌르륵! 예수님 만나주세요!" 친구의 변화된 모습들도 스티커로 자유롭게 붙여주어요.

예수님이 빛을 비추어 주셨어요. 예수님을 만나면 얼굴이 환해져요. 마음이 변화되어요. 용기가 생겨요. 예수님은 예수님을 믿는 우리와 늘 함께하세요. 부활하신 예수님을 친구들에게 전할 수 있어요. 하나님은 예수님을 만난 우리 친구들을 통해 하나님 나라를 전파하세요.

진행 4 배운 말씀을 기억하고 다짐합니다.

배운 말씀을 기억하며 함께 대답해요. 선생님이 "하나님 나라는 OO(이)를 통해"라고 친구의 이름을 말하면, 다 함께 "전파돼요"라고 큰 소리로 외쳐요.

Tip. 유아들의 이름을 넣어서 한 번씩 불러 줍니다.

진행 5 기도로 마칩니다.

하나님 아버지, 부활하신 예수님을 만난 사울이 변화되어서 하나님 나라를 전파하는 귀한 일에 쓰임 받은 것을 배웠어요. 부활하신 예수님, 우리를 만나주세요. 변화시켜 주세요. 하나님 나라를 전파하는 일에 사용해 주세요. 예수님의 이름으로 기도합니다. 아멘.

진행 6 가정에서 7과 성경 스토리북과 홈워크북을 활용하도록 안내합니다.

1. 성경 스토리북의 성경 이야기를 읽어 주세요.
2. 홈워크북으로 놀이하며 말씀을 기억해요.
3. 하단에 있는 말씀을 읽고, 부모님을 따라서 기도해요.
4. 확인 스티커와 실천 스티커를 붙여요.

plus 부모교육자료

바리새인이었던 사울은 율법과 전통이 아닌 '예수를 통해 구원에 이른다'라는 그리스도인들의 신조로부터 유대교의 교리를 수호하기 위해 그들을 적극적으로 잡아 가두고 죽이기까지 했습니다. 사울의 그릇된 확신은 열심을 내면 낼수록 잘못된 방향으로 더 멀리 가고 있었습니다. 예수 믿는 자들을 박해하러 가는 사울에게 부활하신 예수님이 찾아오셨습니다. 사울의 죄를 멈추게 하시고 그를 변화시켜 하나님 나라를 전파하는 전도자의 사명을 주셨습니다. 우리 가정에도 사울에게 주신 복음의 은혜와 예수님이 함께하시는 은혜가 있음을 믿나요? 부모는 자녀에게 하나님 나라를 전할 사명이 일차적으로 부여된 자입니다. 믿음의 자녀로 양육하는 거룩한 부르심을 받은 사람입니다. 부모인 나를 통해 하나님 나라가 전파됩니다. 그리고 믿음 안에서 자녀 역시 하나님 나라 전파의 귀한 사명을 받은 자로 자라게 되지요. 하나님 나라를 위해 우리 가정을 믿음과 사랑으로 든든히 세워가는 것, 자녀에게 하나님의 말씀을 삶으로 보여주고, 귀로 듣게 하고, 사랑으로 느끼게 하는 것, 믿지 않는 사람을 위해 기도하고 함께 복음을 전하는 것 등 나와 우리 가족이 하나님 나라를 위해 할 수 있는 결단을 나누고 실천해 보세요.

2단원 말씀대로! 하나님 나라

8과 하나님 나라는 우리의 생각을 넘어 전파돼요

본 문 | 사도행전 10장 30-35절, 44-48절

읽을말씀 | 사도행전 10장 47절
이에 베드로가 이르되 이 사람들이 우리와 같이 성령을 받았으니 누가 능히 물로 세례 베풂을 금하리요 하고

학습요점 | 하나님 나라는 우리의 생각을 넘어 성령의 인도하심으로 전파돼요.

학습목표 | 전도에 대한 나의 편견을 내려놓고 성령님의 인도하심을 따른다.

학습진행 |

단계	학습내용	준비물
경청이 5분	① 손유희로 제목을 따라 합니다. ② 교사용 그림자료를 통해 이방인 고넬료에게 복음을 전하는 베드로의 이야기를 듣고 질문에 답합니다.	8과 교사용 그림자료
믿음이 12분	③ 워크북 활동을 진행합니다. (활동명: 내 생각 내려! 성령의 인도하심 올려! 깃발 놀이)	8과 학생용 워크북, 8과 스티커, 빨대 2개 투명테이프 또는 양면테이프
다짐이 3분	④ 8과 제목 손유희를 하며 다짐합니다. ⑤ 기도하고 마칩니다. ⑥ 홈 워크북 활동을 소개하고 가정에서 활동하도록 합니다.	

단계	가정에서 활동해요	준비물
꼭꼭이 10분	⑦ 8과 성경 이야기를 읽습니다. ⑧ 홈워크북 활동을 한 후 확인스티커를 붙입니다. ⑨ 2단원 찬양-암송-복습앱(8과) 활동을 한 후 기도로 마칩니다.	8과 홈워크북, 색연필, 확인스티커

본문해설

하나님 나라는 우리의 생각을 넘어 성령의 인도하심으로 전파된다. 본문은 베드로가 이방인에게 복음을 전하도록 마음을 열게 되는 과정을 소개한다. 선민의식을 가지고 있던 베드로는 성령의 이끄심에 따라 이방인인 고넬료에게 복음을 선포하여 하나님 나라를 확장한다. 이달리야 부대의 백부장인 고넬료는 하나님을 경외하는 자였으며, 이스라엘 백성을 많이 구제하고 항상 하나님께 기도하는 자였다. 그는 비록 유대교로 완전히 개종한 것은 아니었지만, 안식일과 같은 기본적인 율법을 지키며 여호와를 경외하는 그룹에 속한 자였다. 이처럼 가이사랴 지역에 살면서 하나님을 신실하게 섬기던 고넬료에게 베드로는 복음을 전파했다. 특히 베드로가 예수님의 십자가와 부활에 대하여 선포했을 때 성령이 임했으며, 고넬료와 그 집에 있는 모든 사람이 복음을 믿게 되었다. 유대인인 베드로가 이방인 고넬료에게 복음을 전한 것이다. 이전에는 상상할 수 없던 일이 벌어진 것이다. 성령의 도우심으로 베드로는 '유대인에게만'이라는 편견을 내려놓고, 이방인에게 복음을 전하는 하나님 나라 백성이 되었다. 그는 모든 사람에게 복음이 필요하다는 것을 알았다. 초대교회의 핵심 인물인 베드로는 이방인을 향한 편견을 가지고 있었다. 하지만 하나님 나라는 성령의 도우심으로 모든 편견을 뛰어넘어 전파된다. 우리도 하나님 나라를 드러내는 삶을 위해 우리의 편견이나 아집을 내려놓고 믿지 않는 사람들에게 다가가야 한다. 이를 위해서는 성령의 인도하심을 받아야 한다.

진행 1 제목을 손유희와 함께 들려줍니다.

선생님의 손유희를 따라 하면서 8과 제목을 말해 보아요. **"하나님 나라는 우리의 생각을 넘어 전파돼요."**

	**하나님 나라는** 양팔을 차례로 위로 올린다.		**우리의 생각을 넘어** 양손을 머리에 댄 후 손을 떼고 위로 올린다.		**전파돼요** 양손을 가슴 앞에서 양옆으로 펼친다.

진행 2 교사용 그림자료를 사용하여 성경 이야기를 들려주고, 질문을 합니다.

8-①

"저희에게 복음을 전해주세요!"
로마의 군대 장관 고넬료가 베드로를 초청했어요.
베드로는 이방 사람인 고넬료 가족에게 복음을 전했어요.
성령님이 그들에게 임했어요.

8-②

베드로는 하나님이 어느 민족이든
받아주신다는 것을 알게 되었어요.
하나님 나라는 우리의 생각을 넘어 전파돼요.

Q 하나님은 베드로를 이방인 고넬료의 집에 보내셔서 무엇을 듣게 하셨나요?

A 복음

우리 반 궁금이에게 이렇게 대답해 주세요.

이방인이 뭐예요?
유대인들은 유대인이 아닌 다른 나라 사람을 가리켜 '이방인'이라고 얕잡아 불렀어요. 하나님이 유대인만 선택하시고 사랑하신다고 생각했거든요. 이방인은 하나님을 믿을 수 없다는 생각에 복음을 전하려고 하지 않았어요.

진행 3 워크북 활동을 진행합니다.

제 목	내 생각 내려! 성령의 인도하심 올려! 깃발 놀이
준 비 물	8과 워크북, 8과 스티커, 빨대 2개, 투명테이프 또는 양면테이프
기대효과	내 생각 깃발은 내리고 성령의 인도하심 깃발은 올리는 활동을 통해 하나님 나라가 우리의 생각을 넘어 전파된다는 것을 알게 합니다.

step.1 그림 보며 이야기하기

친구들, 워크북 두 장에 있는 앞뒤 그림은 '전도'에 대한 여러 생각을 나타낸 것이에요. 두 장에 있는 그림의 차이가 뭐라고 생각하나요? (유아의 자유로운 대답) 아주 재미있는(좋은) 대답이에요. 한 장은 전도에 대한 '알맞지 않은 내 생각'을 나타낸 그림이고, 다른 한 장은 '성령님이 인도하시는 생각' 그림이에요. 오늘은 이 두 장의 그림을 깃발로 만들어서 깃발 놀이를 할 거예요.

step.2 생각 깃발 만들기

두 그림 중 어느 것이 내 생각이고, 어느 것이 성령님이 주시는 생각인가요? 그림의 빈 곳에 알맞은 스티커를 붙이고, 빨대를 붙여 두 개의 깃발을 만들어요. (▶빨간 깃발: ① 아직은 어리니까 나중에 커서 예수님을 전할래요. ② 말을 잘해야 예수님을 전할 수 있어요. ③ 다른 나라 사람에게 예수님을 전할 수 없어요(외국어도 모르고, 낯설고, 수줍고…). ④ 저 친구는 나쁜(거짓말, 욕, 거친) 말을 해서 예수님을 전해도 믿지 않을 거예요. ▶파랑 깃발: ① 어려도 예수님을 전할 수 있어요. ② 언제 어디서나 예수님을 전하겠어요. ③ 예수님을 믿기 어려운 나라를 위해 기도할래요. ④ 누구든지 예수님을 믿기만 하면 구원받아요.)
Tip. 깃발 그림을 보면서 이것이 누구의 생각인지 확인하는 시간을 갖습니다.

step.3 '올리고! 내리고!' 깃발 놀이하기

우와, 잘 만들었어요. 지금부터 '올리고! 내리고!' 깃발 놀이를 할 거예요. 이 놀이는 선생님이 하는 말을 잘 들어야 할 수 있어요. 깃발을 양손에 들고 선생님의 말이 내 생각이면 내 생각 깃발을 내려요. 반대로 성령의 인도하심이면 성령의 인도하심 깃발을 올리는 거예요. 연습해 볼까요? (연습 놀이 후 실전 놀이로 들어간다.) 참 잘했어요.

복음을 전할 때 우리의 생각이 이렇게나 많다는 것을 깃발 놀이를 통해 배웠어요. 그리고 어떤 생각을 내려놓아야 하는지, 어떤 생각을 높이 들고 나가야 하는지도 알았어요. 하나님은 항상 우리의 생각을 넘어 하나님 나라를 전파하신다는 것을 꼭 기억하고 성령의 인도하심을 따르는 우리가 되기로 해요.

진행 4 배운 말씀을 기억하고 다짐합니다.

오늘은 내가 만든 깃발로 다짐해 볼까요? 선생님을 따라 함께 외쳐요.

(내 생각 깃발을 내리며) **내 생각은 내려놓고**	(성령의 인도하심 깃발을 올리며) **성령의 인도하심을 따라요.**

진행 5 기도로 마칩니다.

하나님 아버지, 하나님 나라가 우리의 생각을 넘어 전파된다는 것을 배웠어요. 복음을 전할 때 내 생각보다 성령님의 인도하심을 따르도록 도와주세요. 예수님의 이름으로 기도합니다. 아멘.

진행 6 가정에서 8과 성경 스토리북과 홈워크북을 활용하도록 안내합니다.

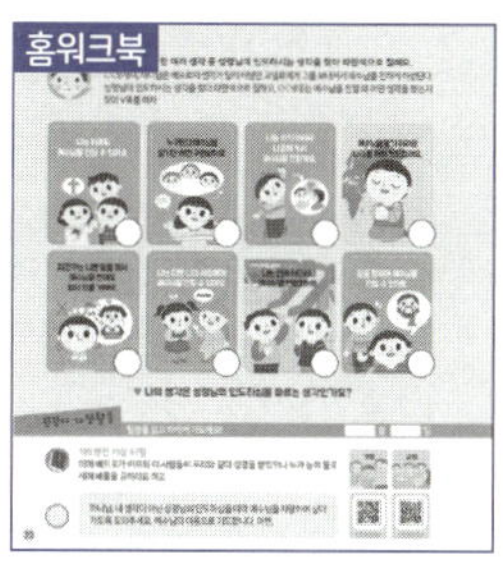

1. 성경 스토리북의 성경 이야기를 읽어 주세요.
2. 홈워크북으로 놀이하며 말씀을 기억해요.
3. 하단에 있는 말씀을 읽고, 부모님을 따라서 기도해요.
4. 확인스티커와 실천스티커를 붙여요.

plus 부모교육자료

이방인에게 복음을 전한다는 것은 선민의식이 강한 유대인으로서는 생각할 수 없는 일이었습니다. 이방인 고넬료와 유대인 베드로의 극적 만남은 하나님의 적극적 개입, 즉 각자에게 보이신 환상으로 이루어졌습니다. 가이사랴에 사는 고넬료는 제9시(오후 3시)에, 욥바에 있는 베드로는 고넬료가 보낸 사람들이 도착할 무렵인 이튿날 제6시(정오)에 환상을 보았는데 이는 두 사람 모두 기도하던 중에 일어난 일입니다. 하나님은 우리의 편견을 넘어 일하십니다. 베드로가 있던 욥바에서 고넬료가 있는 가이사랴까지의 거리는 약 50여km로, 건장한 사람의 걸음으로 약 12시간이 걸리는 거리였습니다. 베드로의 이 걸음은 유대인이 가진 편견을 깨고 교회사에서 위대한 변화를 남겼습니다. 복음의 문이 이방인에게 활짝 열리게 된 것이지요. 내 안에 고착된 편견이 하나님의 뜻에 불순종하거나, 새로운 변화로의 걸음을 멈추게 하거나, 더디게 하지는 않습니까? 우리가 내려놓아야 할 편견이 있다면 무엇일까요? 사도행전 10장의 말씀을 통해 내 생각을 내려놓고 성령의 인도하심으로 믿음의 걸음을 내딛는 가정이 되기를 소망합니다.

3단원 땅끝까지! 하나님 나라

3단원 주제는 "땅끝까지! 하나님 나라"입니다. 사도행전의 마지막 부분으로, 이방인의 복음 전도자로 세워진 사도 바울 이야기를 통해 복음이 땅끝까지 전파되어야 함을 배웁니다. 교회가 교회를 도움으로 그리고 하나님의 인도하심을 따라 복음이 꼭 필요한 곳에 가서 복음을 전함으로 하나님 나라가 전파됩니다. 또한 감옥에 갇히는 어려움 속에서도 끝까지 복음을 전할 때 땅끝까지 하나님 나라가 확장됨을 배웁니다.

▲3단원 찬양 ▲3단원 암송

단원 개요

9과는 예루살렘교회에서 시작된 복음 전파가 안디옥에 있는 이방인에게까지 미쳤고, 안디옥교회를 더욱 든든히 세우기 위해 예루살렘교회에서 바나바와 바울을 보낸 이야기를 통해 교회가 교회를 도움으로 하나님 나라를 전파할 수 있음을 배웁니다. **10과**는 소아시아에 복음을 전하려던 바울의 계획을 성령님이 막으시고 마게도냐 환상을 통해 복음이 필요한 곳으로 우리를 인도하시는 하나님 나라의 전파 원리를 배웁니다. **11과**는 복음을 전파하다가 억울하게 옥에 갇혔지만 오히려 찬양하고 기도하며 간수와 그 가족을 구원한 바울과 실라 이야기를 통해 어려움 속에서도 하나님 나라를 전해야 함을 배웁니다. **12과**는 죄인의 신분으로 로마로 호송된 바울이 감금 중에도 자신에게 오는 사람들을 맞이하고 거침없이 담대하게 하나님 나라를 전한 이야기를 통해 땅끝까지 하나님 나라가 전파됨을 배웁니다.

단원 티칭 가이드

3단원의 "땅끝까지! 하나님 나라"를 통해 교회가 도움이 필요한 또 다른 교회를 도움으로 하나님 나라가 전파됨을 알려주세요. 복음이 꼭 필요한 곳을 찾아 구체적으로 돕고, 어려움 속에서도 찬양하고 기도할 줄 아는 자녀가 되게 해주세요. 또한 땅끝까지 전파될 하나님 나라에 대한 소망을 품고 살도록 격려해 주세요. 가정에서도 주중에 성경 스토리북과 홈워크북, 말씀 축복 기도를 통해 하나님만을 의지하며 땅끝까지 복음을 전하여 하나님 나라를 이루어 가도록 안내해 주세요.

하나님의 나라를 전파하며 주 예수 그리스도에 관한 모든 것을 담대하게 거침없이 가르치더라(사도행전 28장 31절)

하나님의 나라를
한 팔씩 위로 원을 그리며 올린 후 양팔을 하늘을 향해 뻗는다.

전파하며
양손을 입가에 대고 모았다가 앞으로 뻗은 후 손허리 한다.

주 예수 그리스도에
양팔을 옆으로 뻗고 위로 뻗으면서 십자가를 만든다.

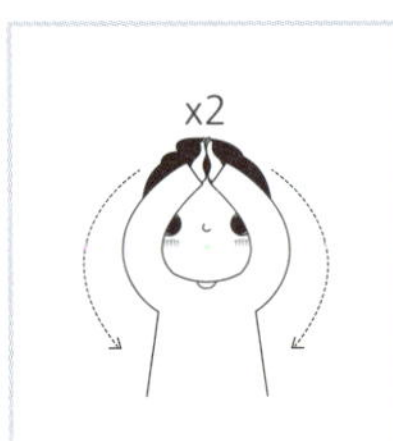

관한 모든 것을
양팔을 위로 올려서 박수를 두 번 치고 원을 만들어 내린다.

담대하게 거침없이
한 손을 주먹 쥐고 어깨를 두 번 두들긴 후 위아래로 두 번 올렸다 내린다. 반대 손도 똑같이 한다.

가르치더라
양손을 입가에 대고 모았다가 앞으로 뻗은 후 손허리 한다.

9과 교회가 교회를 도움으로 하나님 나라를 전해요(행 11:19-26)

읽을 말씀 | 사도행전 11:26
학습요점 | 하나님은 교회가 또 다른 교회를 돕도록 하세요.
적　　용 | 우리는 서로 힘을 합해 도움이 필요한 교회를 섬긴다.

10과 복음이 필요한 곳에 하나님 나라를 전해요(행 16:6-10)

읽을 말씀 | 사도행전 16:10
학습요점 | 하나님은 복음이 필요한 곳으로 우리를 인도하세요.
적　　용 | 복음이 필요한 곳을 찾아 구체적으로 돕는다.

11과 어려움 속에서도 하나님 나라를 전해요(행 16:25-34)

읽을 말씀 | 사도행전 16:25
학습요점 | 하나님은 어려움 속에서도 복음을 전파하게 하세요.
적　　용 | 복음전파를 위해 어려움(고난) 속에서도 찬송과 기도를 하기로 결단한다.

12과 땅끝까지 하나님 나라를 전해요(행 28:23-31)

읽을 말씀 | 사도행전 28:31
학습요점 | 하나님 나라는 예수 증인을 통해 땅끝까지 전파돼요.
적　　용 | 나의 정체성은 예수님의 증인임을 알고 증인으로 산다.

성경 파노라마 띠

3과정 1학기

사도행전 (표시)

사도행전 ———— 빌립보서

3단원 땅끝까지! 하나님 나라

9과 교회가 교회를 도움으로 하나님 나라를 전해요

본　문 | 사도행전 11장 19-26절

읽을말씀 | 사도행전 11장 26절
만나매 안디옥에 데리고 와서 둘이 교회에 일 년간 모여 있어 큰 무리를 가르쳤고 제자들이 안디옥에서 비로소 그리스도인이라 일컬음을 받게 되었더라

학습요점 | 하나님은 교회가 또 다른 교회를 돕도록 하세요.

학습목표 | 우리는 서로 힘을 합해 도움이 필요한 교회를 섬긴다.

학습진행 |

단계	학습내용	준비물
경청이 5분	① 손유희로 제목을 따라 합니다. ② 교사용 그림자료를 통해 예루살렘교회가 안디옥교회를 도운 이야기를 듣고 질문에 답합니다.	9과 교사용 그림자료
믿음이 12분	③ 워크북 활동을 진행합니다. (활동명: 으쌰으쌰! 나도 도울 수 있어요)	9과 학생용 워크북, 9과 스티커, 풀, 색연필 (+Plus 재료: 여분의 ♡ 종이)
다짐이 3분	④ 9과 제목 손유희를 하며 다짐합니다. ⑤ 기도하고 마칩니다. ⑥ 홈워크북 활동을 소개하고 가정에서 활동하도록 합니다.	
단계	**가정에서 활동해요**	**준비물**
꼭꼭이 10분	⑦ 9과 성경 이야기를 읽습니다. ⑧ 홈워크북 활동을 한 후 확인스티커를 붙입니다. ⑨ 3단원 찬양-암송-복습앱(9과) 활동을 한 후 기도로 마칩니다.	9과 홈워크북, 색연필, 확인스티커, 3단원 가정안내문

본문해설

하나님은 교회가 또 다른 교회를 돕도록 하신다. 예루살렘에서 시작된 복음 전파 사역은 스데반의 순교 이후 더 넓게 퍼져 나갔다. 특히 안디옥에 사는 이방인에게까지 선파되었으며, 그 결과 안디옥에 최초로 이방인 교회가 세워졌다. 안디옥교회 성도들은 최초로 '그리스도인'이라는 호칭까지 얻었으며 이후 이방인 선교의 전초기지 역할을 할 정도로 성장하였다. '그리스도인'이라는 호칭은 이방인 불신자들이 '그리스도를 따르는 자'를 조롱하는 말이었다. 이처럼 예루살렘에서 일어난 박해로 인하여 신자들이 흩어졌고, 그로 인해 하나님 나라는 더욱 확장하게 되었다. 예루살렘교회는 복음이 이방인에게 전파되어 교회가 부흥한다는 소식을 듣고 바나바를 안디옥에 파송하였다. 이때 바나바는 다소에 있던 바울을 데려와 함께 동역하였다. 이 둘의 협력으로 안디옥교회는 더욱 견고하게 되었고 이방인 교회의 중심지가 되었다. 하나님이 안디옥교회를 굳건하게 세우기 위해 예루살렘교회를 사용하신 것이다. 이처럼 하나님 나라는 교회가 또 다른 교회를 돕는 방식으로 전파된다. 하나님 나라 전파를 위해 교회와 교회가 서로 힘을 합해야 한다. 성도는 서로 힘을 합해 교회를 섬겨야 하며 교회 역시 다른 지역 교회와 힘을 합해 하나님 나라를 드러내는 데 힘써야 한다. 따라서 우리는 도움이 필요한 또 다른 교회를 생각하며 기도하는 가운데 성령의 인도하심을 따라 서로 돕는 교회가 되도록 힘써야 한다.

진행 1 제목을 손유희와 함께 들려줍니다.

선생님의 손유희를 따라 하면서 9과 제목을 따라 말해 보아요. **"교회가 교회를 도움으로 하나님 나라를 전해요."**

	**교회가 교회를 도움으로** 양손으로 얼굴을 동그랗게 감싼 후 지붕 모양을 만든다.		**하나님 나라를** 양팔을 차례로 위로 올린다.		**전해요** 두 손을 입가에 대고 말하는 시늉을 한다.

진행 2 교사용 그림자료를 사용하여 성경 이야기를 들려주고, 질문을 합니다.

9-①

"안디옥교회에 믿는 사람이 점점 많아지고 있어요."
예루살렘교회는 안디옥교회를 위해
바나바를 보내 복음을 전하고 가르쳤어요.

9-②

"아멘! 아멘!" 안디옥교회 사람들이 예수님을 믿고
'그리스도인'이라 불리게 되었어요.
교회가 교회를 도움으로 하나님 나라를 전해요.

Q 예루살렘교회는 사람이 많아진 안디옥교회를 돕기 위해 바나바를 보냈어요. 예수님을 믿게 된 안디옥교회 사람들이 뭐라고 불리게 되었나요?

A 그리스도인

우리 반 궁금이에게 이렇게 대답해 주세요.

'그리스도인'이라는 말이 무슨 뜻이에요?
그리스도(예수님)를 따르는 사람, 예수님을 닮은 사람, 작은 예수라는 말이에요. 처음으로 '구세주를 믿는 사람'이라는 뜻의 '그리스도인'이라는 말이 생겨난 거예요.

진행 3 워크북 활동을 진행합니다.

제 목	으쌰으쌰! 나도 도울 수 있어요.
준 비 물	9과 워크북, 9과 스티커, 풀, 색연필, (+Plus 재료: 여분의 ♡ 종이)
기대효과	교회가 다른 교회를 도울 때 하나님이 기뻐하심을 알고 나도 다른 교회를 도울 방법을 생각해 보고 실천합니다.

사전준비

① 가로 4.5cm×세로 4cm의 하트를 준비해 워크북과 동일한 칼선을 넣어둡니다.
② 우리 교회가 돕고 있는 교회의 이름을 미리 알아둡니다.
③ 시간 절약을 위해 워크지를 미리 뜯어둡니다.

step.1 도안을 떼어 살펴보기

오늘은 교회가 또 다른 교회를 돕기 위해 한 일들에 대해서 배웠어요. 우리가 예루살렘교회 또는 안디옥교회라면 도움을 주거나 받을 때 어땠을까요? (유아의 대답) 친구들 앞에 미리 뜯어 놓은 워크북 자료가 있어요. 교회 그림, 아이 그림, 하트 종이, 넓이가 다른 막대 종이 2개가 있는지 확인해요.

step.2 알맞은 위치에 그림 붙이기

뜯어진 도안에 있는 같은 모양끼리 풀로 붙이고, 선대로 접어서 두 개의 완성된 모양을 만들어요. 교회의 이름을 적는 곳에는 우리 교회가 돕고 있는 교회의 이름을 적어요. 이름을 적은 친구는 잠시 눈을 감고 나는 어떻게 도울지 생각해 봐요.

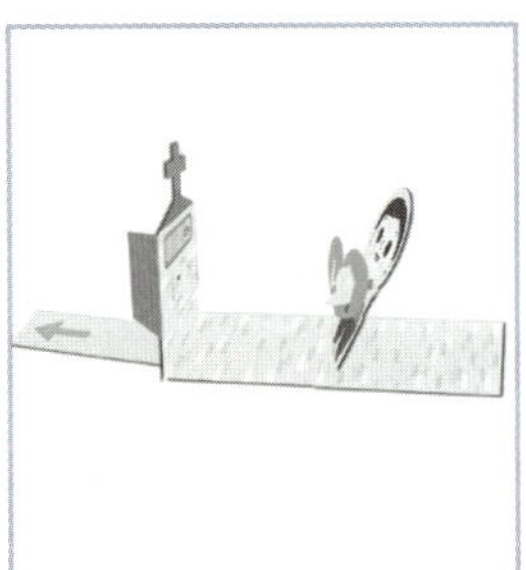

step.3 내 모습과 교회 그림을 연결하여 ♡ 종이를 교회로 옮기기

이제 눈을 뜨고 방금 생각한 것을 하트 종이에 그림으로 그려 보세요. 하트에 있는 칼선에 아이의 팔을 끼우고, 이제 다른 교회를 도우러 갈 거예요. 어떻게 내가 교회까지 갈 수 있을까요? 좁은 막대 종이를 큰 막대 종이의 칼선에 끼우고 화살표 방향으로 쭉 당겨보아요. 우와! 내가 ○○교회 가까이 가고 있어요. 교회에 도착하면 하트 종이를 교회에 옮겨 끼워요. ○○교회를 도울 방법이 또 있어요. 스티커를 종이에 붙이고 같은 활동을 반복해 주어요.

마무리

하나님께서는 교회가 또 다른 교회를 돕는 것을 기뻐하세요. 우리 친구들도 우리 교회가 돕고 있는 ○○교회를 늘 기억하며 기도하세요. 또 우리 교회와 부모님을 통해 도울 수 있는 방법을 찾아보고 돕기로 약속해요.

진행 4 배운 말씀을 기억하고 다짐합니다.

말씀을 기억하며 다짐하는 시간이에요. 선생님이 "교회가 교회를 도움으로"라고 하면, 친구들은 "하나님 나라를 전해요"라고 말해요. 손유희를 하며 큰 소리로 외쳐 보아요.

Tip. 같은 방법으로 선생님과 아이들이 바꾸어서 반복해 봅니다.

진행 5 기도로 마칩니다.

하나님 아버지, 우리는 아직 어리지만 다른 교회를 위해 할 수 있는 일이 있다는 것을 알게 되어서 기뻐요. 하나님이 기뻐하시는 또 다른 교회를 기억하고, 교회를 위해 기도하며 돕는 삶을 살도록 도와주세요. 예수님의 이름으로 기도합니다. 아멘.

진행 6 가정에서 9과 성경 스토리북과 홈워크북을 활용하도록 안내합니다.

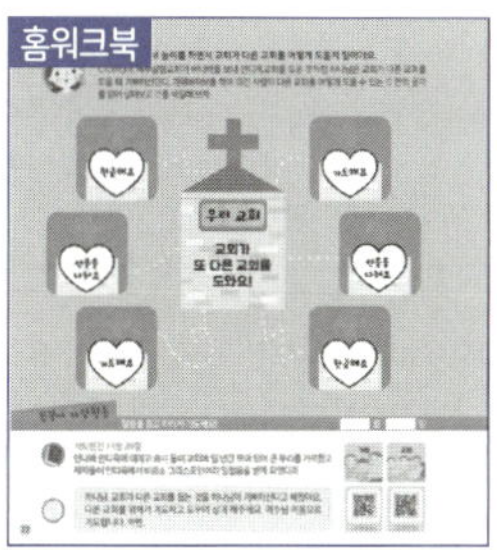

1. 성경 스토리북의 성경 이야기를 읽어 주세요.
2. 홈워크북으로 놀이하며 말씀을 기억해요.
3. 하단에 있는 말씀을 읽고, 부모님을 따라서 기도해요.
4. 확인스티커와 실천스티커를 붙여요.

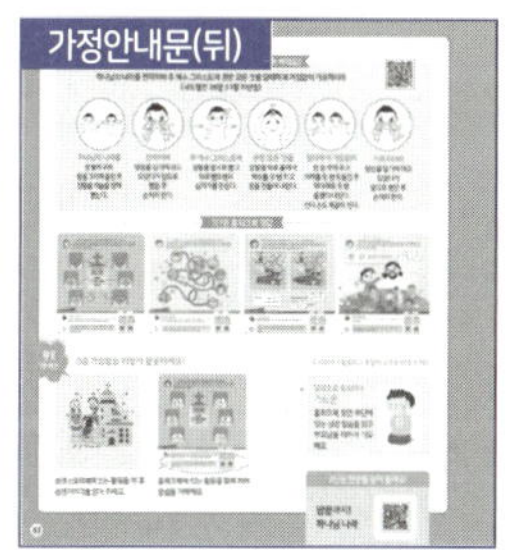

1. 'OOO의 부모님께'에 유아의 이름을 넣어서 전달해 주세요.
2. 3단원 말씀 암송곡과 찬양곡을 QR코드를 활용하여 복습해요.
3. 과별 유치부 앱을 통해 다양한 방법으로 복습해요.

Plus 부모교육자료

초대교회인 예루살렘교회는 지역적·민족적으로 제한된 교회였지만 하나님의 섭리 가운데 큰 박해를 받으면서 흩어져 복음이 로마 전체로 퍼져갔고, 오늘날 우리에게까지 전파되었습니다. 성령 하나님의 능력과 그리스도의 말씀을 통해 그리스도를 구주로 고백하는 교회는 그리스도의 한 몸입니다. 예루살렘교회는 안디옥교회를 도왔습니다. 교회가 서로 돕는 것은 하나님이 기뻐하시는 일입니다. 개인이나 가정이 교회를 물질적으로 직접 돕는 것은 쉬운 일이 아니지만, 연약한 교회가 건강하게 잘 세워지도록 그리고 하나님이 맡겨주신 그 교회의 사명을 잘 감당하도록 함께 관심을 갖고 기도하는 일은 어린 자녀라도 함께 할 수 있는 일이지요. 어려서부터 우리가 속한 교회를 사랑하고 돕는 일도 할 수 있습니다. 우리가 몸을 깨끗이 하며 자기 몸을 소중하게 여기는 것처럼 예수님의 몸인 교회를 깨끗이 청소하며 교회를 사랑하는 마음을 길러 주세요. 우리 교회를 사랑하는 친구는 다른 교회를 돕는 일도 멋지게 감당하는 사람으로 자라갈 것입니다.

3단원 땅끝까지! 하나님 나라

10과 복음이 필요한 곳에 하나님 나라를 전해요

본 문 | 사도행전 16장 6-10절

읽을말씀 | 사도행전 16장 10절
바울이 그 환상을 보았을 때 우리가 곧 마게도냐로 떠나기를 힘쓰니 이는 하나님이 저 사람들에게 복음을 전하라고 우리를 부르신 줄로 인정함이러라

학습요점 | 하나님은 복음이 필요한 곳으로 우리를 인도하세요.

학습목표 | 복음이 필요한 곳을 찾아 구체적으로 돕는다.

학습진행 |

단계	학습내용	준비물
경청이 5분	① 손유희로 제목을 따라 합니다. ② 교사용 그림자료를 통해 마게도냐로 가서 복음을 전한 바울의 이야기를 듣고 질문에 답합니다.	10과 교사용 그림자료
믿음이 12분	③ 워크북 활동을 진행합니다. (활동명: 찾아라, 복음이 필요한 곳!)	10과 학생용 워크북, 부록지, 색 종이컵 2개, 끈 (너비 1cm, 길이 30cm 정도), 풀, 크레파스, 투명테이프 또는 양면테이프
다짐이 3분	④ 10과 제목 손유희를 하며 다짐합니다. ⑤ 기도하고 마칩니다. ⑥ 홈워크북 활동을 소개하고 가정에서 활동하도록 합니다.	
단계	**가정에서 활동해요**	**준비물**
꼭꼭이 10분	⑦ 10과 성경 이야기를 읽습니다. ⑧ 홈워크북 활동을 한 후 확인 스티커를 붙입니다. ⑨ 3단원 찬양-암송-복습앱(10과) 활동을 한 후 기도로 마칩니다.	10과 홈워크북, 색연필, 확인 스티커

본문해설

하나님은 복음이 필요한 곳으로 우리를 인도하신다. 예루살렘과 온 유대와 사마리아에서 선포된 복음은 계속해서 땅끝을 향하여 전진하는 중이었다. 바울이 루스드라에서 합류한 디모데와 함께 아시아에서 복음을 전파하려고 할 때 성령께서 막으셨다. 이번에는 비두니아로 가서 복음을 전파하려고 했지만, 예수의 영이 허락하지 않으셨다. 그러던 중 드로아에 도착했을 때 밤에 환상을 보게 된다. 그것은 "건너와서 우리를 도우라"라는 마게도냐 사람의 요청이었다. 바울은 그 즉시 자신의 계획에 없었던 마게도냐 지역으로 건너가고자 힘을 썼다. 마게도냐 사람들에게 복음을 전하는 것이 하나님의 뜻이라고 인정한 것이다. 바울은 하나님께서 자신의 계획을 막으실 때도, 환상을 통해 새로운 지역으로 인도하실 때도 그 즉시 순종했다. 그 결과 빌립보교회가 세워지게 되었다. 하나님은 복음이 필요한 곳, 복음이 전파되어야 할 곳을 아시고 우리를 그곳으로 인도하신다. 이처럼 초대교회는 복음이 필요한 곳을 향해 열린 마음을 가진 선교 중심적 공동체였다. 우리는 우리의 계획이 순조롭게 진행되길 원하지만, 하나님은 다른 계획으로 우리를 인도하실 때가 있다. 그럴 때 우리는 신중하게 하나님의 뜻을 분별하는 동시에 즉각적으로 주님의 이끄심에 순종해야 한다. 이를 위해서 우리는 성령의 인도하심에 따라 도움의 손길이 필요한 곳을 찾아야 한다.

진행 1 제목을 손유희와 함께 들려줍니다.

선생님의 손유희를 따라 하면서 10과 제목을 말해 보아요. **"복음이 필요한 곳에 하나님 나라를 전해요."**

	**복음이 필요한 곳에** 양손을 이마에 대고 찾는 시늉을 한다.		**하나님 나라를** 양팔을 차례로 위로 올린다.		**전해요** 두 손을 입가에 대고 말하는 시늉을 한다.

진행 2 교사용 그림자료를 사용하여 성경 이야기를 들려주고, 질문을 합니다.

10-①

"마게도냐로 건너와서 우리를 도와주세요!"
바울은 캄캄한 밤에 환상을 보았어요.
바울은 다른 곳으로 가서 복음을 전하려고 하였지만,
성령님은 바울을 마게도냐로 보내셨어요.

10-②

하나님은 바울을 복음이 필요한 곳으로 보내셨어요.
하나님은 복음이 필요한 곳으로 우리를 인도하세요.

Q 복음이 필요한 곳에 가도록 바울을 인도하신 분은 누구인가요?

A 하나님

우리 반 궁금이에게 이렇게 대답해 주세요.

왜 바울은 가려고 했던 곳이 아니라 다른 곳(마게도냐)에 가서 복음을 전했어요?

하나님은 우리의 계획과 다르게 인도하시기도 해요. 바울은 복음이 필요한 곳으로 보내시는 하나님의 인도하심에 순종했어요.

진행 3 워크북 활동을 진행합니다.

제 목	찾아라, 복음이 필요한 곳!
준 비 물	10과 학생용 워크북, 부록지, 색 종이컵 2개, 끈(너비 1cm, 길이 30cm 정도), 풀, 크레파스, 투명테이프 또는 양면테이프
기대효과	복음이 필요한 곳을 찾는 망원경 쓴 나를 꾸미고, 주변 사람들을 도울 수 있는 방법은 무엇이 있는지 말해 봅니다.

사전준비

① 너비 1cm, 길이 30cm 정도의 끈을 잘라 준비합니다.
② 색 종이컵 아랫부분을 눈동자 크기만큼 뚫어 놓습니다.

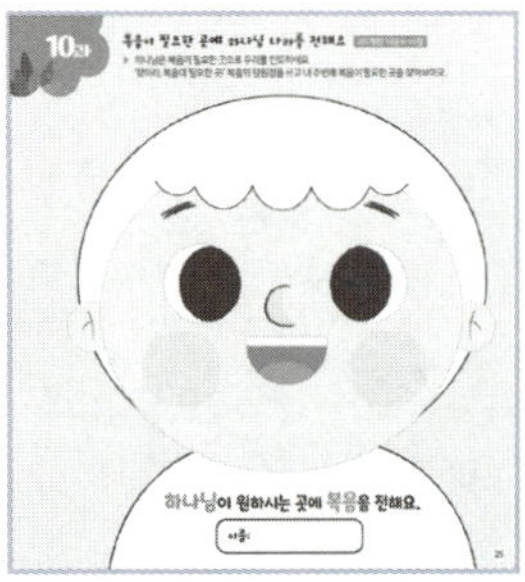

step.1 '나' 꾸미기

그림에 있는 아이는 누구일까요? 바로 "나(○○○-유아의 이름)예요." 지금 나는 복음이 필요한 곳을 찾고 있어요. 지금부터 내 머리카락과 옷에 색을 칠할 거예요. 입고 싶은 색이나 무늬를 옷에 그려도 좋고요, 내가 원하는 색으로 머리카락을 칠해도 좋아요. 그림 속 내 머리카락은 검은색이나 갈색이 아니어도 돼요. 이제 이름 칸에 자신의 이름을 써주세요. 자기만의 표시를 해도 좋아요.

Tip. 머리카락의 색이 다양할수록 벽에 게시했을 때 멋집니다.

step.2 뒷면 문장 완성하기

아주 멋져요! 이제 뒷면으로 넘길게요. 뒷면의 문장을 완성해 보아요. 하나님이 복음 전하길 원하시는 곳이 어디일까요? (유아의 대답) 왜 그렇게 생각하나요? (유아의 대답) 그럼 나는 누구에게 복음을 전할까요? 빈칸에 적고, 어떻게 도울지도 적어 보세요. 참 잘했어요.

step.3 복음 망원경 붙여 완성하기

친구들, 어떻게 하면 더 잘 볼 수 있나요? (유아의 대답-눈 크게 뜨기, 안경, 돋보기, 망원경 등) 네, 그래요. 멀리까지 볼 수 있는 망원경을 쓰고 복음이 필요한 곳을 찾아볼까요? 색 종이컵 두 개를 눈 있는 곳에 잘 맞추어 붙인 다음 팔과 끈도 붙여요. 우와, 완성된 내 모습 너무 멋지지요?

Tip. 유아들이 만든 것을 A4 색지에 붙여 부서 벽면에 게시하고 함께 감상하는 시간을 갖습니다.

마무리

하나님은 바울에게 복음이 필요한 곳, 하나님이 복음을 전하기 원하시는 곳으로 인도하셨어요. 하나님은 우리 친구들도 주변에 복음이 필요한 곳에 가서 복음을 전하길 원하세요. 우리 주위에 복음이 필요한 곳이 어디인지, 어떻게 도울지 오늘 함께 나눈 이야기를 잘 기억하고 실천하기로 해요.

진행 4 배운 말씀을 기억하고 다짐합니다.

말씀을 기억하며 다짐하는 시간이에요. 선생님이 "찾아라!" 하면, 친구들은 손으로 안경을 만들어 두 눈에 대고 "복음이 필요한 곳!"이라고 외쳐요. 한번 해볼까요?

Tip. 같은 방법으로 선생님과 유아들이 바꾸어서 반복해 봅니다.

진행 5 기도로 마칩니다.

하나님 아버지, 우리 주위에 복음이 필요한 곳이 어디인지, 무엇이 필요한지 알아보고 구체적으로 도울 수 있게 해주세요. 예수님의 이름으로 기도합니다. 아멘.

진행 6 가정에서 10과 성경 스토리북과 홈워크북을 활용하도록 안내합니다.

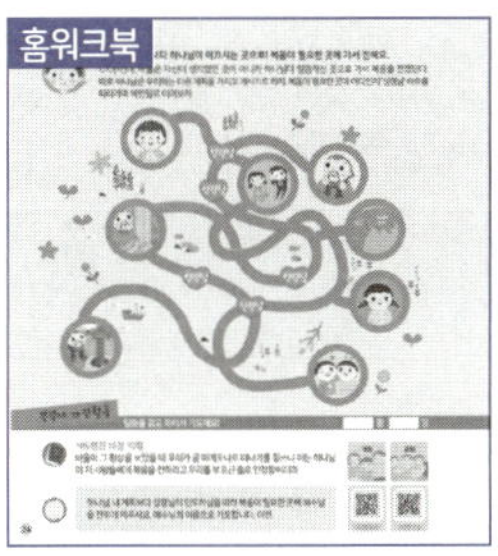

1. 성경 스토리북의 성경 이야기를 읽어 주세요.
2. 홈워크북으로 놀이하며 말씀을 기억해요.
3. 하단에 있는 말씀을 읽고, 부모님을 따라서 기도해요.
4. 확인스티커와 실천스티커를 붙여요.

plus 부모교육자료

바울은 소아시아에서 복음을 전하려고 했지만 성령님이 막으셨습니다. 바울은 복음이 필요한 곳, 자신들을 도우라는 마게도냐인의 환상을 보고 하나님의 뜻에 순종하여 마게도냐로 떠납니다. 우리도 때로는 내 생각, 판단, 경험을 의지하여 세운 계획을 내려놓아야 할 때가 있습니다. 이 모든 것보다 선행되는 기준이 '하나님이 원하시는 것'이기 때문입니다. 이 세상에는 복음이 필요한 곳이 많습니다. 내 눈을 열어 주셔서 주변에 있는 가족, 친척, 친구, 직장 동료 등 복음이 필요한 곳을 볼 수 있게 해달라고 기도하고, 복음을 위한 사랑과 섬김의 기회가 있을 때마다 구체적으로 도우시길 바랍니다. 모든 사람이 복음을 듣고 구원받기를 원하시는 하나님의 마음을 자녀에게 들려주고, 싫어하거나 미워하는 친구에게도 복음을 전해야 함을 가르쳐 주세요. 예수님을 꼭 믿었으면 하는 친구가 누구인지 자녀에게 묻고 그 친구를 위해 시간을 정해 부모와 함께 꾸준히 기도한다든지, 친구에게 전할 복음의 내용을 자녀에게 잘 가르치는 것도 구체적인 도움의 방법이 될 것입니다.

3단원 땅끝까지! 하나님 나라

11과 어려움 속에서도 하나님 나라를 전해요

본 문 | 사도행전 16장 25-34절

읽을말씀 | 사도행전 16장 25절
한밤중에 바울과 실라가 기도하고 하나님을 찬송하매 죄수들이 듣더라

학습요점 | 하나님은 어려움 속에서도 복음을 전파하게 하세요.

학습목표 | 복음 전파를 위해 어려움 속에서도 찬송과 기도를 하기로 결단한다.

학습진행 |

단계	학습내용	준비물
경청이 5분	① 손유희로 제목을 따라 합니다. ② 교사용 그림자료를 통해 감옥에서도 찬송과 기도를 한 바울과 실라의 이야기를 듣고 질문에 답합니다.	11과 교사용 그림자료
믿음이 12분	③ 워크북 활동을 진행합니다. (활동명: 랄라~ 찬양해요! 아멘~ 기도해요!)	11과 학생용 워크북, 11과 스티커, 풀
다짐이 3분	④ 11과 제목 손유희를 하며 다짐합니다. ⑤ 기도하고 마칩니다. ⑥ 홈워크북 활동을 소개하고 가정에서 활동하도록 합니다.	
단계	**가정에서 활동해요**	**준비물**
꼭꼭이 10분	⑦ 11과 성경 이야기를 읽습니다. ⑧ 홈워크북 활동을 한 후 확인스티커를 붙입니다. ⑨ 3단원 찬양-암송-복습앱(11과) 활동을 한 후 기도로 마칩니다.	11과 홈워크북, 색연필, 확인스티커

본문해설

하나님은 어려움 속에서도 복음을 전파하게 하신다. 본문은 바울이 빌립보 지역에서 복음을 전파할 때 일어난 사건이다. 바울 일행이 기도하는 장소로 가는 동안 귀신 들린 한 여종이 바울을 알아보고 '하나님의 종'이라고 소리 질렀다. 이렇게 그녀는 여러 날 동안 바울 일행을 괴롭게 했다. 그러자 바울은 그리스도의 이름으로 귀신 들린 그녀를 고쳐주었다. 이 일로 여종의 주인은 돈을 벌 수 없게 되자 바울 일행을 고소했고, 바울과 실라는 감옥에 갇히게 되었다. 성령의 이끄심을 따라 복음을 전파하다가 고난을 당하게 되었지만 바울과 실라는 낙심하지 않았다. 도리어 감옥 속에서도 기도하고 하나님을 찬송했다. 그 결과 큰 지진이 나서 옥문이 열리고 묶인 것이 풀어졌다. 이런 과정에서 간수장은 예수님을 믿게 되었으며, 온 가족이 복음을 믿고 세례를 받게 되었다. 이처럼 하나님 나라는 고난과 고통 속에서도 전파된다. 비록 억울한 상황에 처하게 되고 심지어 고통을 당하게 되더라도 바울과 실라처럼 기도하고 찬송하면서 인내할 때, 하나님은 그 상황을 통해서도 하나님 나라를 드러내신다. 복음을 전파하다가 예기치 못한 고난에 직면하더라도 우리는 낙심하지 않아야 한다. 도리어 하나님께 기도하고 찬송하면서 인내해야 한다. 그럴 때 그 고난의 상황까지도 하나님 나라가 전파되는 통로로 사용하시는 은혜를 경험하게 될 것이다. 이것을 기억하고 우리 모두 어떤 상황에서도 기도하고 찬송하는 가운데 인내해야 한다.

진행 1 제목을 손유희와 함께 들려줍니다.

선생님의 손유희를 따라 하면서 11과 제목을 말해 보아요. **"어려움 속에서도 하나님 나라를 전해요."**

	**어려움 속에서도** 한 손은 허리에 대고 한 손은 주먹손을 만들어 가슴을 두 번 친다.		**하나님 나라를** 양팔을 차례로 위로 올린다.		**전해요** 두 손을 입가에 대고 말하는 시늉을 한다.

진행 2 교사용 그림자료를 사용하여 성경 이야기를 들려주고, 질문을 합니다.

11-①

철커덩! 바울과 실라는 감옥에 갇혔지만
하나님을 찬양하고 기도했어요.
갑자기 흔들흔들 지진이 일어났어요.
문이 열리고 묶인 것이 풀어졌어요.

11-②

"예수님을 믿으세요!" 바울과 실라는
간수와 그의 가족에게 하나님 나라를 전했어요.
우리도 어려움 속에서도 하나님 나라를 전해요.

Q 바울과 실라가 감옥에서 하나님께 찬양과 기도를 올렸을 때 어떤 일이 일어났나요?

A (큰 지진이 나고) 감옥 문이 열리고 매인 것이 풀어졌어요.

우리 반 궁금이에게 이렇게 대답해 주세요.

'차꼬(착고)'가 뭐예요?

죄를 지은 사람이 감옥에 갇혔을 때 손과 발을 묶어두기 위해 만든 기구예요. 두 개의 긴 나무토막 사이에 구멍을 파서 죄를 지은 사람의 손이나 발을 그 구멍에 넣고 자물쇠로 채워서 잘 움직이지 못하도록 만든 거랍니다.

진행 3 워크북 활동을 진행합니다.

제 목	랄라~ 찬양해요! 아멘~ 기도해요!
준 비 물	11과 워크북, 11과 스티커, 풀
기대효과	하나님이 바울과 실라에게 베푸신 놀라운 일을 기억하고, 어려울 때 하나님께 찬양과 기도로 나아가기로 다짐합니다.

step.1 도안대로 떼고 선대로 접기

친구들, 바울과 실라의 이야기를 잘 들었나요? 다 같이 선생님을 따라서 해요. 선생님이 "랄라~" 하면 친구들이 "찬양해요!" 선생님이 "아멘~" 하면 친구들이 "기도해요!"라고 말해 보아요. 잘했어요. 이것이 오늘 우리가 만들 이야기책의 이름이에요. 도안을 잘 뜯고 선대로 접었다가 펴주어요.

step.2 그림을 보고 배운 말씀 기억하기

도안에 있는 대로 풀칠해서 같은 모양끼리 붙여 주세요. 짠! 이야기책이 만들어졌어요. 어떤 이야기가 있는지 함께 살펴볼게요. 먼저 앞면의 그림을 볼까요? 어떤 내용의 그림인지 아는 친구가 이야기해 볼래요? (① 바울과 실라가 감옥에 갇혀 있어요. ② 그래도 하나님께 감사하며 찬양하고 기도하고 있어요.) 네, 아주 잘 이야기해 주었어요. 음표 스티커를 원하는 곳에 붙여요. 다음 이야기가 어떻게 되었는지 궁금해요. 책을 활짝 열어볼게요. 이야기해 줄 친구? (① 큰 지진이 났어요. ② 감옥 문이 열렸어요. ③ 바울과 실라를 묶어놓았던 차꼬가 풀어졌어요.) 와, 맞아요. 친구들의 말대로 놀라운 일이 일어났어요. 풀어진 차꼬 스티커도 붙여요.

Tip. 학습 진행 시 유아가 말하도록 해서 배운 내용을 더 잘 기억하도록 돕고 수업의 흥미를 더해 줍니다. 빠진 내용은 교사가 풍성하게 채웁니다.

step.3 나에게 적용하기

우리도 어려울 때가 있어요. 친구들도 화나고, 속상하고, 억울하고, 무섭고, 외로울 때가 있지요? 그럴 때 바울과 실라처럼 하나님께 찬양하고 기도하는 우리 친구들이 되어요. "랄라~ 찬양해요! 아멘~ 기도해요!" 잊지 않도록 기도손 스티커, 음표 스티커를 붙여 주세요. 뒷면에 있는 QR 찬양은 가족과 함께 불러 보세요.

마무리

바울과 실라는 감옥에 갇혀 어려울 때도 하나님께 감사로 기도하고 찬양을 드렸어요. 이때 하나님은 바울과 실라의 매인 것을 풀어주셨지요. 오늘 배운 말씀을 꼭 기억하면서 어렵고 힘든 상황일지라도 하나님께 감사하며 기도하는 우리 친구들이 되기로 해요.

진행 4 배운 말씀을 기억하고 다짐합니다.

우리 친구들과 함께 번갈아 말했던 것을 다시 한 번 외치며 기억하고 다짐할게요.

진행 5 기도로 마칩니다.

하나님 아버지, 어려움이 있을 때도 하나님께 감사하며 기도할래요. 하나님을 찬양할래요. 우리를 통해서 하나님 나라가 잘 전해지도록 우리를 사용해 주세요. 예수님의 이름으로 기도합니다. 아멘.

진행 6 가정에서 11과 성경 스토리북과 홈워크북을 활용하도록 안내합니다.

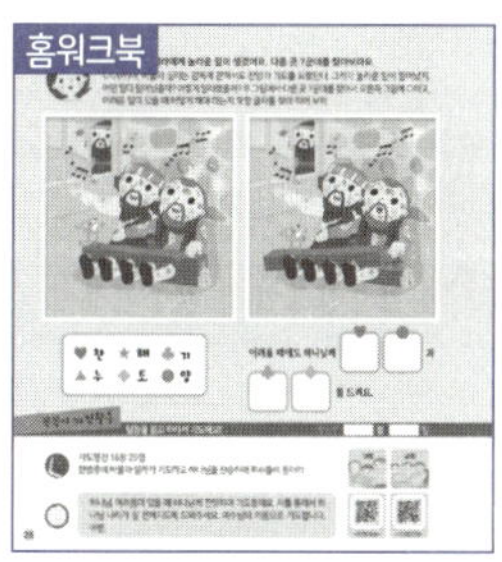

1. 성경 스토리북의 성경 이야기를 읽어 주세요.
2. 홈워크북으로 놀이하며 말씀을 기억해요.
3. 하단에 있는 말씀을 읽고, 부모님을 따라서 기도해요.
4. 확인 스티커와 실천스티커를 붙여요.

Plus 부모교육자료

바울과 실라가 빌립보 지역에서 복음을 전할 때 억울한 누명을 쓰고 감옥에 갇힙니다. 바울과 그의 일행은 소아시아에서 복음을 전하려고 했던 자신들의 계획을 포기하고 성령의 인도에 순종하여 빌립보가 속해 있는 마게도냐로 갔는데, 감옥에 갇히는 신세가 되고 만 것입니다. 하지만 이러한 상황에서도 그들은 불평 대신 기도와 찬양을 하나님께 올려드렸습니다. 우리 역시 복음을 위해 살아갈 때 어렵고 절망스러운 상황이 닥칠 수 있습니다. 그럴 때 주님을 의지하면서 기도와 찬양을 올려드릴 수 있는 성숙한 믿음으로 자라가야 합니다. 바울과 실라가 찬양했을 때 하나님은 응답하셨습니다. 감옥이 열리고 매인 것이 벗어지는 기적이 일어났습니다. 이를 통해 간수와 그 집 사람들 모두가 예수 그리스도를 영접하게 되고 빌립보교회가 세워집니다. 예기치 못한 어려움을 만날지라도 주님을 의지하고 기도와 찬양을 올려드리면 주님께서 놀라운 결실의 기쁨을 주신다는 것을 기억하세요. 자녀와 함께 성숙한 믿음을 위해 기도하세요. 그리고 어려울 때일수록 부모와 자녀가 함께 찬양과 기도로 하나님께 나아가 주님이 주시는 큰 은혜를 누리길 바랍니다.

3단원 땅끝까지! 하나님 나라

12과 땅끝까지 하나님 나라를 전해요

본 문 | 사도행전 28장 23-31절

읽을말씀 | 사도행전 28장 31절
하나님의 나라를 전파하며 주 예수 그리스도에 관한 모든 것을 담대하게 거침없이 가르치더라

학습요점 | 하나님 나라는 예수 증인을 통해 땅끝까지 전파돼요.

학습목표 | 나의 정체성은 예수님의 증인임을 알고 증인으로 산다.

학습진행 |

단계	학습내용	준비물
경청이 5분	① 손유희로 제목을 따라 합니다. ② 교사용 그림자료를 통해 하나님 나라를 전파하는 바울의 이야기를 듣고 질문에 답합니다.	12과 교사용 그림자료
믿음이 12분	③ 워크북 활동을 진행합니다. (활동명: 나는 예수님의 증인!)	12과 학생용 워크북, 12과 스티커, 풀 또는 양면테이프
다짐이 3분	④ 12과 제목 손유희를 하며 다짐합니다. ⑤ 기도하고 마칩니다. ⑥ 홈워크북 활동을 소개하고 가정에서 활동하도록 합니다.	
단계	**가정에서 활동해요**	**준비물**
꼭꼭이 10분	⑦ 12과 성경 이야기를 읽습니다. ⑧ 홈워크북 활동을 한 후 확인 스티커를 붙입니다. ⑨ 3단원 찬양-암송-복습앱(12과) 활동을 한 후 기도로 마칩니다.	12과 홈워크북, 색연필, 확인 스티커

본문해설

하나님 나라는 예수의 증인을 통해 땅끝까지 전파된다. 사도행전은 하나님 나라가 역사 속에서 전파됨을 확증해 준다. 1세기 그리스-로마 시대에 복음을 전했던 바울은 당시의 땅끝인 서바나(지금의 스페인)를 염두에 두고 로마에서 하나님 나라를 전파했다. 비록 가택연금에 처한 죄수의 신분이었지만, 바울은 로마에서 약 2년 동안 자신을 찾아오는 유대인과 이방인을 환대하면서 그들에게 하나님 나라를 "담대하게 거침없이" 가르쳤다. 바울은 구약성경에 예언된 메시아가 바로 예수 그리스도이심을 가르쳤으며, 이는 하나님의 계획에 따라 구원의 복음이 이방인에게 선포될 것을 선언한 것이다. 이처럼 사도행전의 마지막은 로마를 배경으로 하여 하나님 나라를 전파하는 모습으로 마무리되고 있다. 로마는 바울의 비전에 따라 땅끝인 스페인을 향해 나아가기 위한 최적의 전초기지가 된 셈이다. 동시에 땅끝까지 하나님 나라를 전파해야 할 거룩한 사명이 오늘 우리에게도 있음을 보여준다. 우리도 바울처럼 하나님 나라를 전파하며 예수 그리스도에 관한 모든 것을 담대하게 거침없이 가르쳐야 한다. 땅끝까지 하나님 나라를 전파해야 할 사명을 가진 자는 복음을 받아들이지 않는 자들로 인해 흔들려서는 안 된다. 사람들이 불신하며 조롱하고 심지어 방해한다고 할지라도 우리의 정체성을 인식하며 인내하는 가운데 땅끝까지 하나님 나라를 전파해야 한다. 하나님 나라의 씨를 뿌리면 언젠가 주님이 추수하게 하실 것이다.

진행 1 제목을 손유희와 함께 들려줍니다.

선생님의 손유희를 따라 하면서 12과 제목을 따라 말해 보아요. **"땅끝까지 하나님 나라를 전해요."**

	**땅끝까지** 엄지, 검지로 양쪽을 한 번씩 가리킨다.		**하나님 나라를** 양팔을 차례로 위로 올린다.		**전해요** 두 손을 입가에 대고 말하는 시늉을 한다.

진행 2 교사용 그림자료를 사용하여 성경 이야기를 들려주고, 질문을 합니다.

12-①

"예수님 믿으세요."
바울은 죄수의 신분이지만
로마에서도 예수님을 전했어요.

12-②

아침부터 저녁까지 집으로 찾아오는 모든 사람에게
담대하게 하나님 나라를 전했어요.
우리도 하나님 나라의 증인이 되어
언제 어디서나 하나님 나라를 전해요.

Q 바울은 누구에 대해 담대하게 거침없이 가르쳤나요?

A 예수님

우리 반 궁금이에게 이렇게 대답해 주세요.

예수님이 "땅끝까지 복음을 전하라"고 하셨는데 '땅끝'이 어디예요?
바울이 살던 시대의 사람들은 '로마'가 땅끝이라고 생각했어요. 그래서 바울은 끝까지 로마를 향해 복음을 전하러 갔던 거예요. 그럼 지금 우리에게 땅끝은 어디일까요? 땅끝은 꼭 거리가 먼 곳만을 말하지 않아요. 복음이 전해지지 않은 곳, 복음을 전하기 어려운 사람도 땅끝이지요.

진행 3 워크북 활동을 진행합니다.

제 목	나는 예수님의 증인!
준 비 물	12과 워크북, 12과 스티커, 풀 또는 양면테이프
기대효과	내가 예수님의 증인이라는 것을 알고 땅끝까지 복음을 전하겠다고 다짐합니다.

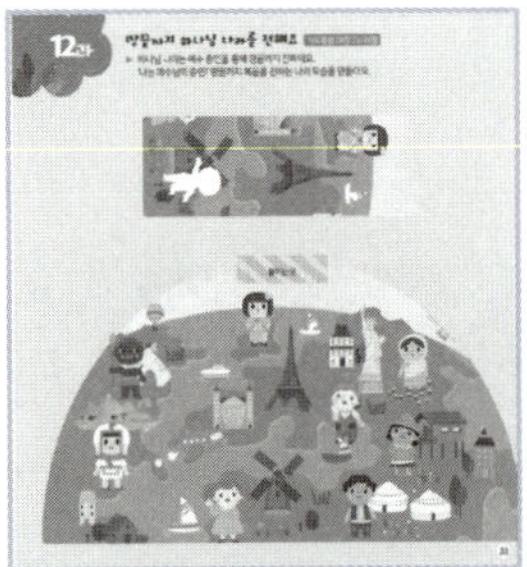

step.1 반원의 지구 모습 살펴보기

이 그림은 무엇일까요? (유아의 대답) 맞아요. 바로 하나님이 만드신 지구예요. 지구에 무엇이 있나요? 보이는 것을 말해 볼까요?

Tip. 유아가 자유롭게 찾거나 교사가 찾을 것을 지시합니다.

step.2 4등분하여 접은 띠지를 지구에 붙이기

예수님은 우리에게도 땅끝까지 증인이 되라고 하셨어요. 증인은 보고 들은 것을 말하는 사람이에요. 우리도 예수님에 대해 보고 듣고 알게 된 것을 전해야 해요. 워크북에 있는 띠지를 지구에 붙이고 선을 따라 세 번 접어 볼게요. 어? 접을 때마다 친구의 모습이 바뀌면서 걸어가요. 어디를 향해 가는 걸까요? 네, 땅끝을 향해 뚜벅뚜벅 복음을 전하러 가고 있어요.

step.3 무엇을 보는지 동그라미하고 이야기 만들기

이 친구가 걸어가면서 보는 것이 무엇인지 동그라미하고, 왜 그곳에 복음을 전해야 한다고 생각하는지 친구들의 생각을 말해 보아요.

Tip. 동작이 네 번 바뀌는 동안 시선이 멈춘 곳에서 유아의 자유로운 생각을 듣고, 풍성한 이야기가 되도록 질문과 공감으로 진행합니다

마무리

친구들의 생각을 들을 수 있어서 멋진 시간이었어요. 우리 모두에게 칭찬의 박수 짝짝짝! 우리도 땅끝까지 복음을 전하겠어요. 우리는 예수님의 증인이니까요. 이 세상의 모든 사람에게 예수님을 전하는 어린이가 되기로 해요.

진행 4 배운 말씀을 기억하고 다짐합니다.

말씀을 기억하며 다짐하는 시간이에요. 선생님이 "하나님 나라를 전해요. 어디까지?"라고 하면, 친구들이 큰 소리로 "땅끝까지!"라고 답해요. 한번 해볼까요?

진행 5 기도로 마칩니다.

하나님 아버지, 복음이 전해지지 않은 땅끝까지, 이 세상의 모든 사람이 예수님을 알게 될 때까지 복음을 전하는 예수님의 증인으로 살게 도와주세요. 예수님의 이름으로 기도합니다. 아멘.

진행 6 가정에서 12과 성경 스토리북과 홈워크북을 활용하도록 안내합니다.

1. 성경 스토리북의 성경 이야기를 읽어 주세요.
2. 홈워크북으로 놀이하며 말씀을 기억해요.
3. 하단에 있는 말씀을 읽고, 부모님을 따라서 기도해요.
4. 확인스티커와 실천스티커를 붙여요.

plus 부모교육자료

바울은 회심한 이후 자유로울 때나 죄수의 신분으로 로마 셋집에 있을 때나 복음 전파의 사명을 감당했고, 아침부터 저녁까지 하나님 나라를 강론하며 모세의 율법과 선지자의 말을 가지고 예수님을 전했습니다. 어떤 형편에 있든, 모든 시간에, 전할 수만 있다면 무엇으로든 하나님 나라 전파에 온 힘을 기울였습니다. 물론 바울의 말을 듣고 예수님을 믿는 사람도 있었고, 끝까지 믿지 않는 사람도 있었습니다. 그러나 바울은 신경 쓰지 않았습니다. 오로지 자신에게 주어진 하나님 나라 전파의 사명을 끝까지 감당할 뿐이었습니다. 나와 내 가정은 그리스도인으로서 복음과 은혜의 빚을 갚아야 하는 사람입니다. 어린 자녀라도 충분히 예수의 증인으로 하나님 나라를 전할 수 있습니다. 우리 가까이에 있는 전도 대상자를 정하고 그 대상을 위해 온 가족이 함께 모여 기도하고 직접 복음을 전해 보세요. 때로 복음을 받아들이지 않는 어려운 상대나 상황을 만나더라도 포기하지 않고 땅끝까지 복음을 전하는 예수님의 증인으로 힘쓰는 가정, 서로 응원하는 가정이 되길 소망합니다.

4단원 믿음으로! 하나님 나라

4단원 주제는 "믿음으로! 하나님 나라"입니다. 이번 단원은 로마서를 중심으로, 오직 믿음으로 구원받는 이신칭의 복음의 원리와 복음 안에서의 신자의 삶을 다룹니다. 복음은 구원을 주시는 하나님의 능력이기에 우리는 예수님과 하나가 되어 죄에 대해서는 죽고 하나님에 대하여는 산 자로 여기며, 죄를 이기고 성령님을 따라 하나님의 뜻대로 살 수 있는 은혜를 누리게 됨을 배웁니다.

▲4단원 찬양 ▲4단원 암송

단원 개요

13과는 복음이란 예수님께서 우리의 죄를 대신하여 십자가에서 죽으시고 부활하심으로 우리가 구원받게 된다는 것이며, 이 복음은 모든 믿는 자에게 구원을 주시는 하나님의 능력이 됩니다. 그러므로 우리는 이 복음을 자랑해야 함을 배웁니다. **14과**는 복음을 믿는 자는 자신을 예수님과 함께 죄에 대하여는 죽고 의에 대하여 산 자라고 여기며 예수님과 하나가 되어 더 이상 죄 가운데 살지 않아야 함을 배웁니다. **15과**는 복음을 믿는 자는 육의 생각이 아닌 영의 생각을 따라 하나님을 기쁘시게 하는 생각과 모습으로 살게 됨을 배웁니다. 16과는 복음을 믿는 자는 하나님의 선하시고 기뻐하시고 온전하신 뜻을 알고 순종함으로 기쁨과 용서와 사랑을 실천하며 살 수 있음을 배웁니다.

단원 티칭 가이드

4단원의 "믿음으로! 하나님 나라"를 통해 우리 아이들이 구원을 주시는 능력의 복음을 믿는지 점검해 주시고, 이 복음을 자랑하며 전하게 해주세요. 또한 예수님과 함께 죄에 대해서는 죽고 의에 대해서는 산 자로 여기며, 이것이 복음의 능력이기에 예수님과 함께 죄를 이기고 성령님을 따라 살 수 있음을 꼭 알려주세요. 가정에서도 주중에 성경 스토리북과 홈워크북, 말씀 축복 기도를 통해 복음의 삶을 지속적으로 기억하고 믿음으로 하나님 나라를 이루어 가도록 제시해 주세요.

내가 복음을 부끄러워하지 아니하노니 이 복음은 모든 믿는 자에게 구원을 주시는 하나님의 능력이 됨이라(로마서 1장 16절 상반절)

내가 복음을
양손을 가슴에 포갠 후
입가에 대고 전한다.

부끄러워하지 아니하노니
양손으로 얼굴을 가리고
손과 함께 고개를 흔든 후
양손을 다시 입가에 대고 전한다.

이 복음은
양손으로
성경책을 펼친다.

모든 믿는 자에게
양손을 안에서 밖으로
펼친다.

구원을 주시는
펼친 양손을
한 번 찍고
위로 올린다.

하나님의 능력이 됨이라
양손을 주먹 쥔 후
얼굴 앞에 모으고
안에서 밖으로 벌리면서
위로 올린다.

13과 복음은 구원을 주시는 하나님의 능력이에요(롬 1:8-17)

읽을 말씀 | 로마서 1:16
학습요점 | 복음은 믿는 자에게 구원을 주시는 하나님의 능력이에요.
적　　용 | 복음을 부끄러워했던 생각을 버리고 자랑하는 마음을 갖는다.

14과 복음을 믿으면 예수님과 하나가 되어요(롬 6:1-11)

읽을 말씀 | 로마서 6:11
학습요점 | 복음을 믿는 자는 예수님과 함께 죄에 대하여 죽고 하나님께 대하여 산 자예요.
적　　용 | 예수님 안에서 나는 죄에 대하여 죽은(이긴) 자로, 의에 대하여 산 자로 여긴다.

15과 복음을 믿으면 성령님을 따라 살 수 있어요(롬 8:1-11)

읽을 말씀 | 로마서 8:2
학습요점 | 복음을 믿는 자는 성령님을 따라 살게 돼요.
적　　용 | 영의 생각과 육의 생각을 나눠 보고, 영의 생각 하기를 결심한다.

16과 복음을 믿으면 하나님의 뜻대로 살 수 있어요(롬 12:1-2, 14-21)

읽을 말씀 | 로마서 12:2
학습요점 | 복음을 믿는 자는 하나님의 선하시고 기뻐하시고 온전하신 뜻대로 사는 자예요.
적　　용 | 하나님의 온전한 뜻을 바로 알고 그 뜻대로 살아간다.

성경 파노라마 띠

3과정
1학기

로마서

사도행전 — 빌립보서

4단원 믿음으로! 하나님 나라

13과 복음은 구원을 주시는 하나님의 능력이에요

본 문 | 로마서 1장 8-17절

읽을말씀 | 로마서 1장 16절
내가 복음을 부끄러워하지 아니하노니 이 복음은 모든 믿는 자에게 구원을 주시는 하나님의 능력이 됨이라 먼저는 유대인에게요 그리고 헬라인에게로다

학습요점 | 복음은 믿는 자에게 구원을 주시는 하나님의 능력이에요.

학습목표 | 복음을 부끄러워했던 생각을 버리고 자랑하는 마음을 갖는다.

학습진행 |

단계	학습내용	준비물
경청이 5분	① 손유희로 제목을 따라 합니다. ② 교사용 그림자료를 통해 구원을 주시는 하나님의 능력인 복음에 대한 이야기를 듣고 질문에 답합니다.	13과 교사용 그림자료
믿음이 12분	③ 워크북 활동을 진행합니다. (활동명: 하나님의 능력, 복음 카드 만들기)	13과 학생용 워크북, 13과 스티커, 풀, 까슬이, 보슬이 색칠 도구
다짐이 3분	④ 13과 제목 손유희를 하며 다짐합니다. ⑤ 기도하고 마칩니다. ⑥ 홈워크북 활동을 소개하고 가정에서 활동하도록 합니다.	
단계	**가정에서 활동해요**	**준비물**
꼭꼭이 10분	⑦ 13과 성경 이야기를 읽습니다. ⑧ 홈워크북 활동을 한 후 확인스티커를 붙입니다. ⑨ 4단원 찬양-암송-복습앱(13과) 활동을 한 후 기도로 마칩니다.	13과 홈워크북, 색연필, 확인스티커, 4단원 가정안내문

본문해설

복음은 믿는 자에게 구원을 주시는 하나님의 능력이다. 오직 믿음으로 하나님 나라의 백성이 되며 의롭게 된다. 하나님 나라에서 왕이신 하나님의 다스림을 받는 삶은 선포된 복음을 믿음으로 받아들이는 것에서 시작된다. 오직 복음은 믿음으로만 하나님이 주시는 의를 경험할 수 있으며 그분의 다스림을 맛볼 수 있다. 복음을 믿고 하나님의 의와 통치를 맛본 사도 바울은 자신을 가리켜 '빚진 자'라고 했다. 그래서 할 수 있는 한 복음을 전하기 위해 최선을 다했을 뿐만 아니라 복음 전하는 것을 부끄러워하지 않았다. 복음은 모든 믿는 자에게 구원을 주시는 하나님의 능력이 되기 때문이다. 복음이란 하나님의 아들 예수께서 자기 백성을 죄에서 구원하시기 위해 십자가에 죽으시고 부활하신 것을 알리는 소식이다. 이 복음은 하나님의 백성을 죄에서 구원하는 능력이며, 하나님의 통치를 통해 의를 경험하게 하는 능력이다. 또한 복음 안에는 하나님께서 일으키시는 의가 있다. 복음은 믿는 자 안에 하나님의 영광을 위해 살 수 있는 능력을 일으킨다. 복음을 통해 하나님 나라 백성이 되는 길은 오직 믿음뿐이다. 복음은 어느 누구에게나 열려 있다. 즉 복음은 사람을 차별하지 않는다. 따라서 우리는 누가 복음을 받아들일지 알 수 없기에 모든 사람에게 차별 없이 전파해야 한다. 이를 위해 우리는 복음의 능력을 굳게 믿어야 한다. 또한 복음을 조롱하거나 비방하는 사람에게도 전해야 한다. 우리는 복음의 능력을 온전히 깨달아 복음을 자랑하는 자가 되어야 한다.

진행 1 제목을 손유희와 함께 들려줍니다.

선생님의 손유희를 따라 하면서 13과 제목을 따라 말해 보아요. **"복음은 구원을 주시는 하나님의 능력이에요."**

	**복음은** 양손으로 성경책 펴는 시늉을 한다.	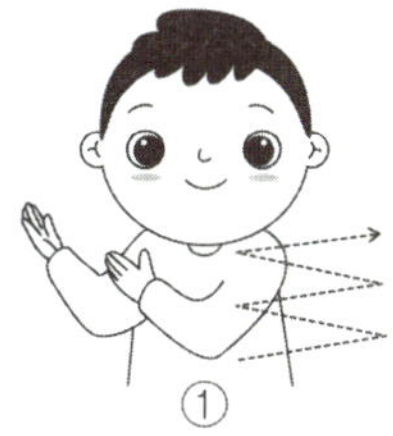	**구원을 주시는** 양손으로 지그재그 모양을 그리며 위로 올린다.		**하나님의 능력이에요** 양팔을 올렸다가 주먹을 쥔다.

진행 2 교사용 그림자료를 사용하여 성경 이야기를 들려주고, 질문을 합니다.

"여러분, 정말 보고 싶어요.
예수님을 믿으면 구원받을 수 있어요.
여러분이 꼭 복음을 믿기를 원해요!"
바울은 이 능력의 복음을 전하고 싶어서
로마교회 사람들에게 편지를 썼어요.

하나님은 복음을 믿는 모든 사람에게
구원을 선물로 주세요.

Q 구원을 주시는 하나님의 능력은 무엇인가요?

A 복음

우리 반 궁금이에게 이렇게 대답해 주세요.

'복음'이 뭐예요?
예수님이 주신 기쁜 소식으로 하나님 나라에 대한 소식이에요. 하나님이 죄인인 우리를 구원하시려고 예수님을 보내셨고 예수님이 나의 죄를 대신해 십자가에서 죽으시고 부활하셨어요. 누구든지 죄를 회개하고 예수님을 믿으면 구원받아요. 이 놀라운 소식이 바로 '복음'이에요. (하나바이블 2-2 유치부 교사용 119쪽 참고)

진행 3 워크북 활동을 진행합니다.

제 목	하나님의 능력, 복음 카드 만들기
준 비 물	13과 워크북, 13과 스티커, 풀, 까슬이, 보슬이, 색칠 도구
기대효과	복음 카드를 만들면서 배운 말씀을 기억하고, 복음을 부끄러워하지 않고 자랑하는 내가 되기로 다짐합니다.

사전준비

step.1 하트 속 복음 내용 살피기

친구들, 구원을 주시는 하나님의 능력이 무엇이지요? (복음) 네, 맞아요. 워크북에서 하트를 찾아 복음에 대해 알아보아요. 모두 찾았나요? 하트 안에 어떤 그림이 있나요? '십자가와 빈 무덤', '천국'이 있네요. 이 그림들은 '예수님'이 오셔서 우리를 위해 '십자가'에서 죽으시고 '다시 살아나셔서' 우리가 '예수님'을 믿으면 '천국'에 간다(구원을 받는다)는 기쁜 소식, 바로 복음에 대해 알려주고 있어요. 이제 도안대로 조심히 뜯어서 복음 카드를 만들게요.

Tip. 복음의 내용을 유아들과 반복해 봅니다.

step.2 빈자리 채우고 틀린 그림 바로잡기

뜯은 도안에서 가장 큰 도안과 큰 하트를 풀로 붙이세요. 붙이고 보니 도안에 빈자리가 있어요. 지금부터 시간을 줄 거예요. 십자가는 색칠하고, 글자는 따라 쓰고, 내용과 다른 그림에는 알맞은 스티커를 찾아 붙여요. (시간을 준다.) 아주 잘했어요. 복음의 말씀을 들을 때는 귀를 쫑긋! 복음을 들으니 믿음이 생겨요. 무언가 잘못된 그림이 있는 걸 발견했나요? 맞아요. 부끄러워하는 친구의 모습 위에 부끄러워하지 않는 친구의 모습 스티커를 붙여서 바로잡아요. 참 잘했어요.

step.3 복음 카드 완성하고 복음 자랑하기

복음을 부끄러워하지 않는 친구는 복음을 자랑해요. 우리를 위한 복음이 자랑스럽지요? 이제 뒷면에 있는 빈칸에 이름을 쓰거나 자기만의 표시를 해주세요. 까슬이와 보슬이를 종이띠에 붙이고 카드를 감싸 주어요. 그 위에 예수님을 붙이면 짜잔! 복음 카드 완성!

마무리

복음은 구원을 주시는 하나님의 능력이에요. 친구에게 이 복음 카드를 보여주면서 복음을 자랑하고 구원의 기쁨을 누리는 친구들이 되기로 해요.

진행 4 배운 말씀을 기억하고 다짐합니다.

복음을 부끄러워하지 않고 자랑하기로 다짐한 친구들! 함께 손유희로 외쳐 보아요.

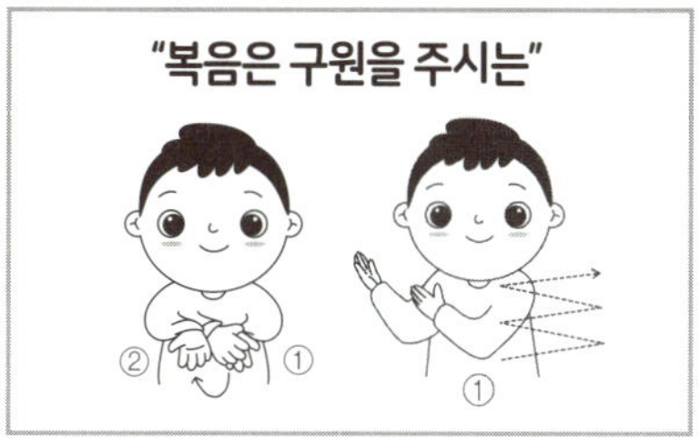

Tip. 같은 방법으로 선생님과 아이들이 바꾸어서 반복해 봅니다.

진행 5 기도로 마칩니다.

하나님 아버지, 우리에게 구원을 주는 복음을 주셔서 감사해요. 언제 어디서나 복음을 부끄러워하지 않고 자랑할래요. 구원의 기쁜 소식, 복음을 잘 전할 수 있도록 도와주세요. 예수님의 이름으로 기도합니다. 아멘.

진행 6 가정에서 13과 성경 스토리북과 홈워크북을 활용하도록 안내합니다.

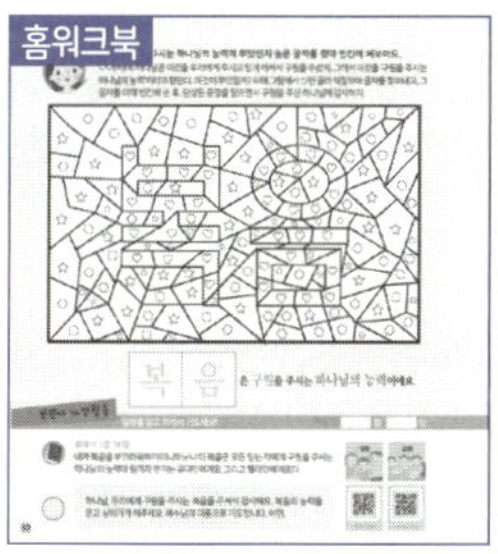

1. 성경 스토리북의 성경 이야기를 읽어 주세요.
2. 홈워크북으로 놀이하며 말씀을 기억해요.
3. 하단에 있는 말씀을 읽고, 부모님을 따라서 기도해요.
4. 확인스티커와 실천스티커를 붙여요.

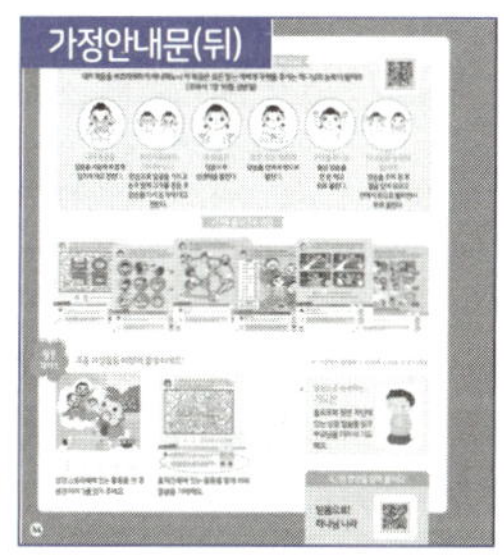

1. 'OOO의 부모님께'에 유아의 이름을 넣어서 전달해 주세요.
2. 4단원 말씀 암송곡과 찬양곡을 QR코드를 활용하여 복습해요.
3. 과별 유치부 앱을 통해 다양한 방법으로 복습해요.

Plus 부모교육자료

복음은 예수 그리스도를 믿으면 구원을 받는다는 복된 소식입니다. 예수 그리스도를 믿으면 예수님의 의가 믿는 자에게 전가되고, 하나님은 신자를 의롭다고 여겨주십니다. 그러므로 복음을 정의할 때 '구원을 주시는 하나님의 능력'(16절)이라는 말과 함께 '하나님의 의'(17절)라는 표현도 나옵니다. 그러므로 복음을 부끄러워해서는 안 되며, 오히려 복음을 자랑해야 합니다. 오직 복음을 받아들이고 복음에 내포된 예수 그리스도를 믿는 것만이 하나님 나라 백성이 되어 그분의 선하신 통치 아래서 영생할 수 있는 유일한 방법이기 때문입니다. 자녀는 부모의 거울입니다. 먼저 부모인 내가 복음을 귀하게 여기고 감사함을 넘어 자랑스러워하고 있는지 점검해 보세요. 그리고 우리 가정에 복음을 주시고 믿게 하셔서 나와 내 자녀가 생명을 얻게 된 것에 정말 감사하고 있는지 돌아보고, 더 나아가 복음을 자랑하는 마음을 갖도록 구하세요. 바울은 자신을 '모든 사람에게 빚진 자'로 여겼습니다. 가장 가까이에 있는 내 자녀를 향해 이 빚진 마음이 있기를 원합니다. 자녀에게 복음의 능력으로 구원받게 됨을 잘 설명해 주세요. 복음의 은혜와 능력을 누릴 뿐 아니라 모든 이에게 빚진 자의 마음으로 복음을 자랑하는 가정이 되기를 바랍니다.

14과

4단원 믿음으로! 하나님 나라

복음을 믿으면 예수님과 하나가 되어요

본　　문 | 로마서 6장 1-11절

읽을말씀 | 로마서 6장 11절
이와 같이 너희도 너희 자신을 죄에 대하여는 죽은 자요 그리스도 예수 안에서 하나님께 대하여는 살아 있는 자로 여길지어다

학습요점 | 복음을 믿는 자는 예수님과 함께 죄에 대하여 죽고 하나님께 대하여 산 자예요.

학습목표 | 예수님 안에서 나는 죄에 대하여 죽은(이긴) 자로, 의에 대하여 산 자로 여긴다.

학습진행 |

단계	학습내용	준비물
경청이 5분	① 손유희로 제목을 따라 합니다. ② 교사용 그림자료를 통해 복음을 믿으면 예수님과 하나가 된다는 이야기를 듣고 질문에 답합니다.	14과 교사용 그림자료
믿음이 12분	③ 워크북 활동을 진행합니다. (활동명: 예수님과 하나! 나를 덮는 생명의 십자가)	14과 학생용 워크북, 14과 스티커, 풀, 실 또는 끈(약 80cm)
다짐이 3분	④ 14과 제목 손유희를 하며 다짐합니다. ⑤ 기도하고 마칩니다. ⑥ 홈워크북 활동을 소개하고 가정에서 활동하도록 합니다.	

단계	가정에서 활동해요	준비물
꼭꼭이 10분	⑦ 14과 성경 이야기를 읽습니다. ⑧ 홈워크북 활동을 한 후 확인스티커를 붙입니다. ⑨ 4단원 찬양-암송-복습앱(14과) 활동을 한 후 기도로 마칩니다.	14과 홈워크북, 색연필, 확인스티커

본문해설

복음을 믿는 자는 예수님과 함께 죄에 대하여 죽고 하나님에 대하여 산 자이다. 여기서 주목할 단어가 '함께'라는 말이다. 그리스도와 함께한다는 의미는 그분과의 연합을 의미한다. 즉 예수님과 우리가 한 몸을 이루었다는 것이다. 믿음으로 우리는 두 가지 차원에서 그리스도와 연합된다. 첫째, 우리는 예수님의 죽음에 연합함으로써 실제로 옛사람을 주관하던 죄에 대해 죽었다. 그래서 우리는 죄의 세력에서 벗어났다. 죄가 우리를 주관할 수 없게 되었다. 사망도 나를 주장할 수 없게 되었다. 둘째, 우리는 예수님의 부활에 연합하여 다시 살아났으며, 그 결과 의에 대해 산 자가 되었다. 이제 우리는 의를 위해 살 수 있는 존재가 되었다. 하나님 나라와 그의 영광을 위해 살 수 있는 존재가 되었다는 말이다. 우리가 주목해야 할 또 하나의 단어가 있다. 바로 '여길지어다'라는 동사이다. 이 말은 계속해서 생각하고, 선언하고, 간주하는 것을 의미한다. 예를 들어 우리는 죄에 대해 죽은 자로서 죄가 싫다는 점을 지속적으로 선언할 필요가 있다. 또한 의에 대해 산 자로서 하나님을 위해 살고 싶은 마음을 자주 고백할 필요가 있다. 물론 복음을 믿는 우리는 살면서 크고 작은 죄를 범할 수 있다. 하지만 더 중요한 것은 이제 죄를 짓지 않을 수 있는 자, 더 나아가 하나님을 기쁘시게 하는 삶을 살 수 있는 자로 변화되었다는 사실이다. 그러므로 우리는 이 사실을 삶 속에서 지속적으로 생각하고, 떠올리고, 고백하고, 선언해야 한다.

진행 1 제목을 손유희와 함께 들려줍니다.

선생님의 손유희를 따라 하면서 14과 제목을 따라 말해 보아요. **"복음을 믿으면 예수님과 하나가 되어요."**

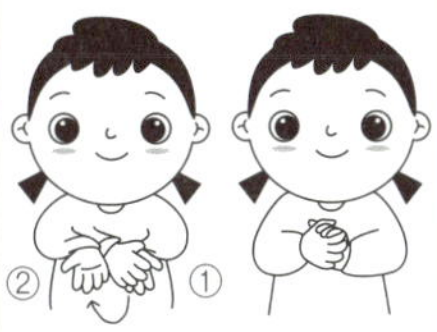	**복음을 믿으면** 양손으로 성경책을 편 후 양손을 모아 기도손을 만든다.		**예수님과** 양손 엄지손가락을 차례로 앞으로 내민다.		**하나가 되어요** 양손을 마주 잡고 흔든다.

진행 2 교사용 그림자료를 사용하여 성경 이야기를 들려주고, 질문을 합니다.

14-①

예수님이 십자가에서 죽으셨을 때
나도 예수님과 함께 죽었어요.
예수님이 무덤에서 다시 살아나셨을 때
나도 다시 생명을 얻었어요.

14-②

이것을 믿나요? "아멘!"
복음을 믿는 사람은 예수님과 함께 영원히 살 수 있어요.

Q 내 죄를 대신해서 십자가에 죽으시고 부활하신 예수님을 믿으면 어떤 일이 일어날까요?

A 예수님과 하나가 되어요.

우리 반 궁금이에게 이렇게 대답해 주세요.

'죄에 대하여 죽고 하나님께 대하여 산다'는 말이 무슨 뜻이에요?
예수님을 정말로 믿으면 죄가 싫어져서 멀리하게 되고 죄를 이길 수 있다는 말이에요. 그뿐 아니라 하나님이 좋아져서 하나님이 기뻐하시는 것을 하게 되고, 하나님과 영원히 사귀며 함께한다는 거예요.

진행 3 워크북 활동을 진행합니다.

제 목	예수님과 하나! 나를 덮는 생명의 십자가
준비물	14과 학생용 워크북, 14과 스티커, 실(약 80cm), 풀
기대효과	움직이는 생명의 십자가를 통해 나는 죄에 대하여 죽고 의에 대하여 산 자인 것을 기억합니다.

사전준비

① 실 또는 끈을 약 80cm 정도 길이로 잘라 놓습니다.

step.1 앞면 그림 이해하기

친구들, 십자가를 보면 누가 생각나나요? (유아의 대답) 네! 우리를 구원하신 예수님이 생각나요. 십자가를 보면 또 생각나는 것이 있어요. 바로 우리의 죄예요. 십자가 앞면의 그림은 하나님이 슬퍼하시는 죄의 모습이에요. 빈자리에 스티커를 붙이고 어떤 모습인지 이야기해 볼게요. (① 죄에 매이고 ② 죄에 끌려다니고 ③ 죄를 짓고 ④ 하나님의 말씀을 싫어하고 ⑤ 실망, 낙심하고 ⑥ 불평하고 화를 내는 모습)

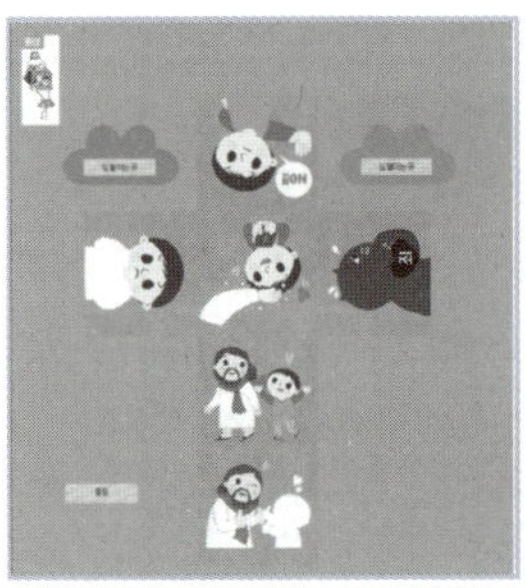

step.2 뒷면 그림 이해하기

이제 뒷면으로 넘겨볼게요. 뒷면에도 여섯 개의 그림이 있어요. 먼저 앞면과 같이 빈자리에 스티커를 붙인 후 어떤 모습인지 이야기 나눌게요. (① 죄를 끊고 ② 죄를 멀리하고 ③ 죄를 거절하고 ④ 하나님 말씀을 사랑하고 ⑤ 예수님을 따라가고 ⑥ 말씀으로 승리하는 모습) 어? 그런데 이 친구 어디서 본 거 같은데? 앞면의 그 친구 아니에요? 무엇이 이 친구를 이렇게 바꾸었을까요?

step.3 생명의 십자가로 이야기하기

자, 이제 도안을 뜯고 십자가에 있는 칼선에 예수님을 풀로 붙여요. 그리고 선생님을 따라 십자가에 있는 구멍에 실을 끼워요. 다 끼운 후 실 양 끝에 하트를 붙여서 정답을 알아보아요. 함께 읽어 볼게요. "복음을 믿어요." 그렇군요. 친구가 복음을 믿고 바뀌었대요. 자, 바닥에 십자가를 놓고 다 같이 실을 당겨보아요. "예수님이 십자가에서 죽으셨을 때 나도 죽었어요. 예수님이 다시 살아나셨을 때 나도 다시 살아났어요."

Tip. 실을 당기면서 선생님이 이야기를 진행합니다.

마무리

사랑하는 친구들, 복음을 믿나요? 믿는 친구는 예수님과 하나가 되었어요. 나의 죄와 허물을 예수님이 생명의 십자가로 덮어 주셨어요. 이제 나는 죄를 멀리하고 죄를 싫어해요. 죄를 짓지 않을 수 있어요. 하나님이 기뻐하시는 길을 걷는 우리는 예수님과 하나 된 존재랍니다.

진행 4 배운 말씀을 기억하고 다짐합니다.

복음을 믿는 친구들, 함께 큰 소리로 외쳐 볼게요. 선생님이 "복음을 믿으면" 하고 외치면 우리 친구들은 "예수님과 하나가 되어요"라고 말하면서 생명의 십자가 줄을 당겨요.

"복음을 믿으면 예수님과 하나가 되어요."

진행 5 기도로 마칩니다.

하나님 아버지, 예수님이 십자가에서 죽으셨을 때 나도 죽고, 예수님이 살아나셨을 때 나도 다시 살아났다는 것을 알게 해주셔서 감사해요. 예수님과 하나가 되어 죄를 이기고 하나님이 기뻐하시는 삶을 살아가게 도와주세요. 예수님의 이름으로 기도합니다. 아멘.

진행 6 가정에서 14과 성경 스토리북과 홈워크북을 활용하도록 안내합니다.

1. 성경 스토리북의 성경 이야기를 읽어 주세요.
2. 홈워크북으로 놀이하며 말씀을 기억해요.
3. 하단에 있는 말씀을 읽고, 부모님을 따라서 기도해요.
4. 확인스티커와 실천스티커를 붙여요.

Plus 부모교육자료

바울은 로마서를 통해 죄와 은혜에 대해 말합니다. 로마서 6장 11절의 '죄에 대해 죽은 자'가 되는 것, '하나님께 대하여 산 자'가 되는 것은 오직 예수님의 십자가 죽으심과 부활을 믿음으로 예수님과 하나 되는 것(연합)임을 강조합니다. 오직 예수님만이 죄의 세력에서 벗어나게 하고 하나님과의 연합(사귐)을 가능하게 하십니다. 죄의 세력의 크기와 그 결과의 참혹한 형벌을 안다면 예수님의 은혜가 얼마나 놀랍고 큰지 깨닫게 되고, 죄에 대해서도 더 민감한 영적 감각을 가지게 됩니다. 복음을 알고 믿고 있지만 하나님의 법과 죄의 법 사이에서 갈등하며 습관적인 죄를 반복하고 있는 내 모습은 없습니까? 자녀와 함께 죄의 목록을 일주일 동안 작성해 보고 고백하는 시간을 가져 보기를 권합니다. 감사일기는 익숙하고 편한데, 죄 목록 일기는 어색하고 불편하게 느껴지나요? 습관적이고 반복적인 죄 아래 있지 않도록 가족 앞에서 용기 있게 결단하고, 도우시는 하나님의 은혜를 구하며 서로 격려해 주세요. 죄의 세력을 멸하시고 하나님의 의를 우리에게 주신 예수님과 하나 되는 은혜를 누리게 될 것입니다.

15과

4단원 믿음으로! 하나님 나라

복음을 믿으면 성령님을 따라 살 수 있어요

본　　문 | 로마서 8장 1-11절

읽을말씀 | 로마서 8장 2절
이는 그리스도 예수 안에 있는 생명의 성령의 법이 죄와 사망의 법에서 너를 해방하였음이라

학습요점 | 복음을 믿는 자는 성령님을 따라 살게 돼요.

학습목표 | 영의 생각과 육의 생각을 나눠 보고, 영의 생각 하기를 결심한다.

학습진행 |

단계	학습내용	준비물
경청이 5분	① 손유희로 제목을 따라 합니다. ② 교사용 그림자료를 통해 복음을 믿으면 성령님을 따라 살아간다는 이야기를 듣고 질문에 답합니다.	15과 교사용 그림자료
믿음이 12분	③ 워크북 활동을 진행합니다. (활동명: 영의 생각, 오케이~ OK!)	15과 학생용 워크북, 부록지, 색 빨대 1개, 풀, 투명테이프
다짐이 3분	④ 15과 제목 손유희를 하며 다짐합니다. ⑤ 기도하고 마칩니다. ⑥ 홈워크북 활동을 소개하고 가정에서 활동하도록 합니다.	

단계	가정에서 활동해요	준비물
꼭꼭이 10분	⑦ 15과 성경 이야기를 읽습니다. ⑧ 홈워크북 활동을 한 후 확인스티커를 붙입니다. ⑨ 4단원 찬양-암송-복습앱(15과) 활동을 한 후 기도로 마칩니다.	15과 홈워크북, 색연필, 확인스티커, 실천스티커

본문해설

복음을 믿는 자는 성령을 따라 살게 된다. 로마서 8장은 그리스도 예수 안에 있는 사람의 정체성을 보여준다. 즉 새 시대의 백성으로서 그리스도인은 더 이상 죄와 사망에 거하지 않고 성령을 따라 살아간다. 이제 예수 그리스도로 말미암아 성령의 인도하심을 받으며 살 수 있는 존재가 된 것이다. 이는 그리스도 예수 안에 있는 생명의 성령의 법이 죄와 사망의 법에 붙들려 있던 우리를 해방시켜 주었기 때문이다. 우리의 연약함 때문에 온전히 행할 수 없던 율법을 예수 그리스도께서 십자가와 부활로 완전히 이루셨을 뿐만 아니라 이제는 우리로 성령님과 함께 율법의 요구를 행할 수 있게 하셨다. 성령을 따르는 자는 성령의 일을 생각한다. 따라서 그리스도인에게 중요한 것은 성령의 인도하심을 받는 것이다. 누구든지 그 속에 그리스도의 영이 거하지 않으면 그리스도인이 아니다. 그러나 예수를 믿는 우리 안에는 성령님이 계신다. 그 성령께서 우리의 죽을 몸을 살리실 뿐 아니라 죄를 짓는 몸의 행실에서도 살리실 것이다. 그러므로 우리는 성령의 도우심으로 몸의 행실 즉 죄를 죽이는 삶을 살아야 한다. 성령께서 함께하심에도 불구하고 우리는 여전히 넘어질 때가 있으며 심지어 반복적으로 죄를 짓기도 한다. 그 이유는 성령을 따라 살지 않기 때문이다. 즉 성령님을 잊고 살기 때문이요, 성령의 도우심을 받지 않기 때문이다. 그러므로 우리는 우리 안에 계신 성령님을 기억하고, 그분의 도움을 요청하며, 그분의 도우심으로 살아야 한다.

진행 1 제목을 손유희와 함께 들려줍니다.

선생님의 손유희를 따라 하면서 15과 제목을 따라 말해 보아요. **"복음을 믿으면 성령님을 따라 살 수 있어요."**

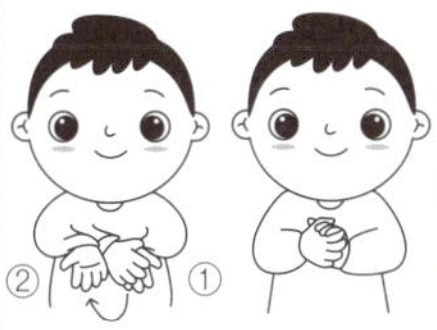	**복음을 믿으면** 양손으로 성경책을 펼 후 양손을 모아 기도손을 만든다.		**성령님을 따라** 기도손을 한 양팔을 가슴 쪽으로 두 번 접었다 펼친다.		**살 수 있어요** 주먹 쥔 팔을 흔들며 걸어가는 시늉을 한다.

진행 2 교사용 그림자료를 사용하여 성경 이야기를 들려주고, 질문을 합니다.

15-①

'하나님이 기뻐하시는 생각'을 누가 주실까요?
바로 성령님이 주세요.
복음을 믿는 내 안에 성령님이 함께하세요.

15-②

성령님은 '하나님이 기뻐하시는 생각'을 하도록
우리를 도와주세요.
성령님을 따라 살면 생명과 평강을 누리게 되어요.

Q 복음을 믿으면 하나님이 기뻐하시는 생각을 하도록 누가 도와주시나요?

A 성령님

우리 반 궁금이에게 이렇게 대답해 주세요.

영의 생각이 뭐예요?

하나님이 기뻐하시는 생각이에요. 성령님이 내 안에 계실 때 할 수 있는 생각이지요. 복음을 믿으면 내 안에 성령님이 오셔서 내 생각과 말과 행동 모두를 변화시키세요. 하나님의 뜻대로 살고 싶어 하고, 또 그렇게 살 수 있게 되는 거지요.

진행 3 워크북 활동을 진행합니다.

제 목	영의 생각, 오케이~ OK!
준비물	15과 워크북, 부록지, 색 빨대 1개, 풀, 투명테이프
기대효과	영의 생각과 육의 생각을 구별하며 성령님을 따라 하나님이 기뻐하시는 생각을 하며 살아가기를 다짐합니다.

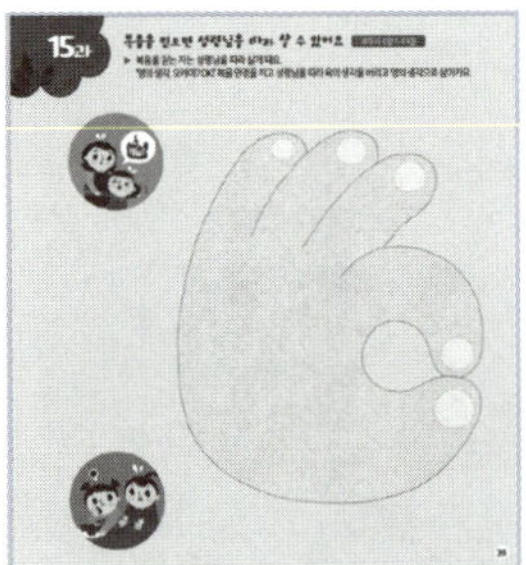

step.1 배운 말씀 기억하기

친구들, 육의 생각과 영의 생각 중에서 하나님이 기뻐하시는 생각은 어떤 것인가요? (유아의 대답) 네, 그래요. 복음을 믿을 때 성령님이 내 안에 들어와 나에게 영의 생각을 하도록 도와주세요. 예수님을 믿으면 이제 우리는 성령님을 따라 육의 생각이 아닌 영의 생각을 하는 자가 되는 거예요. 오늘은 '영의 생각, 오케이 ~ OK!' 안경을 만들 거예요. 워크지에 있는 손 그림을 모두 뜯어 보아요.

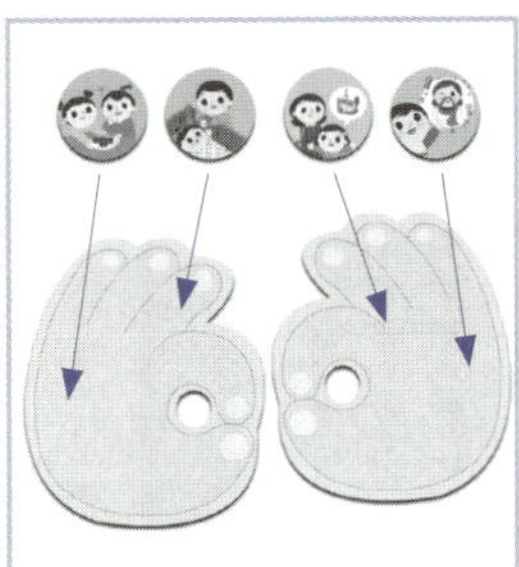

step.2 오케이 안경 만들기

오케이 손 모양 두 개를 투명테이프로 붙여 안경을 만들어 주세요. (미리 만들어 놓은 샘플 안경을 보여주며) 도안을 보면 4개의 둥근 딱지가 있어요. 둥근 딱지 앞뒤로 모두 8개의 그림이 있지요. 그림 가운데 4개에는 예수님을 믿음으로 성령님을 따라 영의 생각을 하는 사람의 모습이 있고, 나머지 4개의 그림에는 예수님을 믿지 않아 육에 속한 사람의 모습이 있어요. 하나님이 기뻐하시는 영의 생각을 하는 그림을 찾아 각각 2개씩 오케이 손등 부분에 붙여 보아요.

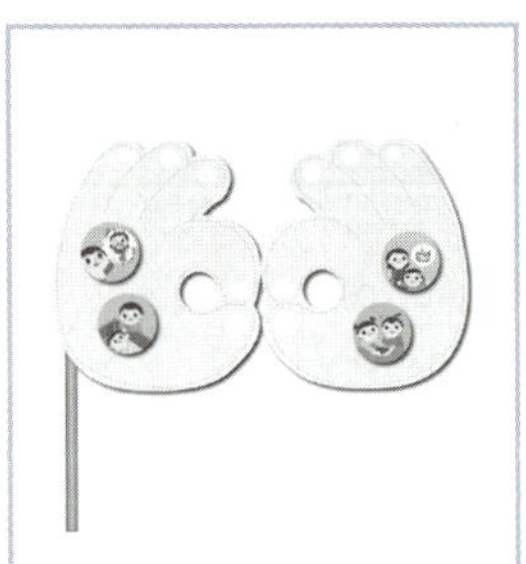

step.3 색 빨대 붙이기

모두 붙였나요? 우와! 맞게 잘 붙였어요. 오케이 안경은 손으로 드는 안경이에요. 안경 뒷면의 빨대 붙이는 곳에 투명테이프로 색 빨대를 붙이면 완성! 친구들의 얼굴보다 큰 '영의 생각, 오케이~ OK!' 안경이 완성되었어요. 자, 그럼 이제 써볼까요? 짠! 내 옆의 친구도 한 번 보고! 아주 멋있어요!

(손유희를 하며) 복음을 믿으면 성령님을 따라 살아갈 수 있어요. '영의 생각, 오케이~ OK!' 안경을 끼고 성령님이 이끄시는 영의 생각을 선택하며 살아가는 우리 친구들이 되어요.

진행 4 배운 말씀을 기억하고 다짐합니다.

오늘은 특별히 내가 만든 오케이 안경을 쓰며 말씀을 기억할게요. 선생님이 "성령님을 따라"라고 하면, 친구들은 "영의 생각을 해요"라고 말해요. 그리고 선생님이 "영의 생각, 오케이?" 하면, 서로 바라보며 "OK!" 하며 다짐할게요.

"성령님을 따라"

"영의 생각을 해요"

"영의 생각, 오케이?"

"OK!"

Tip. 같은 방법으로 선생님과 아이들이 바꾸어서 반복해 봅니다.

진행 5 기도로 마칩니다.

하나님 아버지, 복음을 믿게 해주셔서 감사해요. 우리 안에 계시는 성령님을 따라 영의 생각을 하며 생명과 평안의 길로 살아가겠어요. 예수님의 이름으로 기도합니다. 아멘.

진행 6 가정에서 15과 성경 스토리북과 홈워크북을 활용하도록 안내합니다.

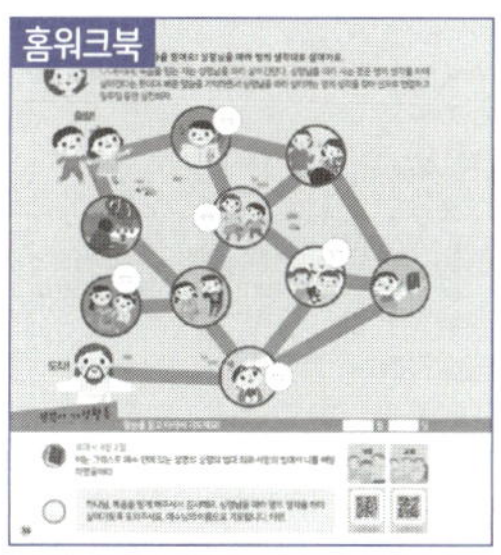

1. 성경 스토리북의 성경 이야기를 읽어 주세요.
2. 홈워크북으로 놀이하며 말씀을 기억해요.
3. 하단에 있는 말씀을 읽고, 부모님을 따라서 기도해요.
4. 확인스티커와 실천스티커를 붙여요.

plus 부모교육자료

죄인이 육신에 속하여 죄의 노예로 살았기 때문에 율법으로는 구원할 방법이 없었습니다. 율법의 모든 요구를 사람이 지킬 수 없어서 하나님이 친히 완전한 구원자인 예수님을 보내주셨고, 예수님이 율법의 저주인 십자가를 대신 지심으로 율법의 마침이 되셨습니다. 또한 성령님을 통해 이 모든 은혜에 함께하도록 하셨습니다. 예수 그리스도를 믿음으로 '생명의 성령의 법'이 우리를 '죄와 사망의 법'에서 해방하였습니다. 예수님을 믿기 전에는 죄인으로 살았지만, 복음을 믿음으로 의롭다 칭함을 받았습니다. 예수님을 믿기 전에는 죄와 사망의 법 즉 육의 생각을 따르는 삶을 살았지만, 복음을 믿음으로 성령의 법 즉 영의 생각을 따르는 삶을 살게 된 것입니다. 이 복음을 믿으면 내 안에 성령이 내주하셔서 거룩한 삶을 살 수 있는 존재로 만드십니다. 매 순간 육의 생각을 버리고 하나님의 기쁨이 되는 영의 생각, 믿음의 선택을 하도록 분별의 지혜를 달라고 간구하세요. 자녀에게 영의 생각을 선택하도록 가르치며 부모 역시 가정에서 하나님이 기뻐하실 생각대로 실천하는 모습을 보여 주는 아름다운 신앙의 가정이 되기를 바랍니다.

16과

4단원 믿음으로! 하나님 나라

복음을 믿으면 하나님의 뜻대로 살 수 있어요

본 문 | 로마서 12장 1-2절, 14-21절

읽을말씀 | 로마서 12장 2절
너희는 이 세대를 본받지 말고 오직 마음을 새롭게 함으로 변화를 받아 하나님의 선하시고 기뻐하시고 온전하신 뜻이 무엇인지 분별하도록 하라

학습요점 | 복음을 믿는 자는 하나님의 선하시고 기뻐하시고 온전하신 뜻대로 사는 자예요.

학습목표 | 하나님의 온전한 뜻을 바로 알고 그 뜻대로 살아간다.

학습진행 |

단계	학습내용	준비물
경청이 5분	① 손유희로 제목을 따라 합니다. ② 교사용 그림자료를 통해 복음을 믿으면 하나님의 뜻대로 살게 된다는 이야기를 듣고 질문에 답합니다.	16과 교사용 그림자료
믿음이 12분	③ 워크북 활동을 진행합니다. (활동명: 하나님 뜻대로 살아가는 내 모습 만들기)	16과 학생용 워크북, 16과 스티커, 풀 또는 양면테이프
다짐이 3분	④ 16과 제목 손유희를 하며 다짐합니다. ⑤ 기도하고 마칩니다. ⑥ 홈워크북 활동을 소개하고 가정에서 활동하도록 합니다.	
단계	**가정에서 활동해요**	**준비물**
꼭꼭이 10분	⑦ 16과 성경 이야기를 읽습니다. ⑧ 홈워크북 활동을 한 후 확인스티커를 붙입니다. ⑨ 4단원 찬양-암송-복습앱(16과) 활동을 한 후 기도로 마칩니다.	16과 홈워크북, 색연필, 확인스티커

본문해설

복음을 믿는 자는 하나님의 선하시고 기뻐하시고 온전하신 뜻대로 사는 자이다. 그리스도인은 하나님의 큰 자비를 입은 자들이다. 그리스도인이 드려야 할 합당한 예배는 자기 몸을 하나님이 기뻐하시는 거룩한 산 제물로 드리는 것이다. 이를 위해서는 악한 세대를 본받지 않는 것이 중요하다. 또한 성령께서 새롭게 하시는 은혜로 변화를 받아야 한다. 이 모든 변화의 근원은 자기 몸을 거룩한 제물로 드리는 예배에 있다. 우리는 예배를 통해, 또한 예배 가운데 마음이 새로워지고 변화를 받게 된다. 그리할 때 하나님의 선하신 뜻, 기뻐하시는 뜻, 온전하신 뜻을 분별할 수 있다. 우리는 사도 바울을 통해 계시된 하나님의 분명한 뜻을 알 수 있다. 그것은 박해하는 자를 축복하는 것이요, 즐거워하는 자들과 함께 즐거워하고 우는 자들과 함께 우는 것이요, 높은 데 마음을 두지 않는 것이요, 악을 악으로 갚지 않는 것이요, 모든 사람에게 선을 도모하는 것이요, 모든 사람과 화목하게 지내는 것이요, 친히 원수를 갚지 않고 하나님께 맡기는 것이요, 선으로 악을 이기는 것이다. 하나님의 뜻을 분별하는 삶은 참된 예배에서 시작된다. 부지불식간에 이 세대를 따라가는 우리의 마음이 예배를 통해 성령으로 새롭게 되고 변화되어 하나님의 선하신 뜻을 분별할 수 있게 된 것이다. 따라서 우리는 마땅히 드릴 예배에 힘쓰고, 그 가운데 깨달은 하나님의 분명한 뜻에 순종하는 삶을 살아야 한다.

진행 1 제목을 손유희와 함께 들려줍니다.

선생님의 손유희를 따라 하면서 16과 제목을 따라 말해 보아요. **"복음을 믿으면 하나님의 뜻대로 살 수 있어요."**

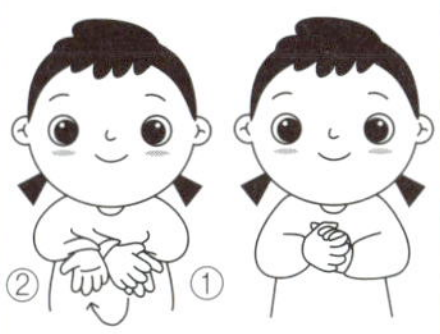	**복음을 믿으면** 양손으로 성경책을 편 후 양손을 모아 기도손을 만든다.		**하나님의 뜻대로** 양팔을 위로 올린 후 양손을 머리에 댄다.		**살 수 있어요** 주먹 쥔 팔을 흔들며 걸어가는 시늉을 한다.

진행 2 교사용 그림자료를 사용하여 성경 이야기를 들려주고, 질문을 합니다.

16-①

매일매일 나는 어떤 생활을 하고 있나요?
언제 어디서나 예배드리는 모습으로 살고 있나요?

16-②

"안돼, 안돼!" 이 세상을 본받지 않아요.
말씀으로 마음을 새롭게 하여 변화를 받아요.
복음을 믿는 사람은 매일매일 선으로 악을 이기며
하나님의 뜻대로 살 수 있어요.

Q 복음으로 하나님의 백성이 된 사람들은 어떻게 살아가야 할까요?

A 하나님의 (선하시고 기뻐하시고 온전하신) 뜻대로 살아가요.

우리 반 궁금이에게 이렇게 대답해 주세요.

어떻게 우리 몸을 '거룩한 산 제물'로 드려요?

'제물'은 거룩하게 구별된 것, 하나님께 바쳐진 것이에요. 우리가 거룩한 산 제물이 된다는 것은 이 세상을 본받지 않고 오직 하나님의 선하시고 기뻐하시고 온전하신 뜻대로 내 생각과 마음, 내 전부를 하나님께 온전히 드리는 예배자로 사는 것을 말해요.

진행 3 워크북 활동을 진행합니다.

제 목	하나님 뜻대로 살아가는 내 모습 만들기
준 비 물	16과 워크북, 16과 스티커, 풀 또는 양면테이프
기대효과	복음을 믿으면 하나님의 뜻대로 살 수 있음을 기억하고, 하나님의 뜻대로 살 것을 팔 동작으로 표현하며 다짐합니다.

step.1 도안대로 뜯기

복음을 믿으면 성령님이 우리 안에 오셔서 하나님의 뜻대로 살도록 우리를 도우세요. 하나님의 뜻대로 사는 것이 무엇일까요? (그림을 보여주며) 여기 그려진 네 명의 친구가 하나님의 뜻대로 살아가는 것이 무엇인지 보여 준대요. 먼저 도안대로 조심히 뜯은 후 그림 속 친구들 모습을 완성해 보아요.

step.2 스티커 붙이고 이야기 나누기

빈자리에 알맞은 스티커를 붙이고 하나님의 뜻대로 살아가는 것이 무엇인지 이야기해 보아요. ① (스티커를 붙이며) 마음과 정성을 다해 하나님을 예배해요! ② (스티커를 붙이며) 날마다 성령님이 (스티커를 붙이며) 나의 마음을 새롭게 해주세요! ③ 복음을 믿고 하나님의 백성이 된 나는 (스티커를 붙이며) 죄를 멀리하고 ④ (스티커를 붙이며) 하나님의 뜻을 이루며 살아가요!

step.3 만들기를 완성하고 모션 놀이로 기억하기

스티커를 모두 붙인 친구는 이제 도안에 있는 선대로 접어 사각기둥을 만들어요. 끝부분은 풀로 붙여요. 기둥 모서리에는 팔을 넣어 붙이는 칼선이 있어요. 각 팔을 칼선 안으로 넣고 같은 숫자끼리 풀로 붙여 주어요. 우와, 완성했어요! 이제 쓰여 있는 문장에 맞추어서 그림에 있는 친구의 팔을 움직여 볼까요? ① "온 마음을 다해 하나님을 예배해요."(두 손을 하나님께 높이 들어요.) ② "성령님, 내 마음을 날마다 새롭게 해 주세요!"(두 손을 가슴에 포개요.) ③ "죄는 싫어요!" (두 주먹을 교차하여 얼굴을 가려요.) ④ (두 팔을 서로를 향해 펼치고 이야기해요.) "축복해!" "사랑해!" "용서해!" "도와줄게!" "선한 마음으로 서로를 섬겨요."

마무리

우와, 잘했어요! 오늘 만든 것을 잘 보이는 곳에 놓아두고 매일매일 보면서 하나님의 선하시고 기뻐하시고 온전하신 뜻대로 살아가는 우리 친구들이 되기를 바라요.

진행 4 배운 말씀을 기억하고 다짐합니다.

선생님이 "복음을 믿으면"이라고 하면, 친구들은 "하나님의 뜻대로 살 수 있어요"라고 말해요. 손유희를 하며 해보아요.

Tip. 같은 방법으로 선생님과 아이들이 바꾸어서 반복해 봅니다.

진행 5 기도로 마칩니다.

하나님 아버지, 복음을 믿음으로 하나님의 선하시고 기뻐하시고 온전하신 뜻대로 살아가도록 도와주세요. 예수님의 이름으로 기도합니다. 아멘.

진행 6 가정에서 16과 성경 스토리북과 홈워크북을 활용하도록 안내합니다.

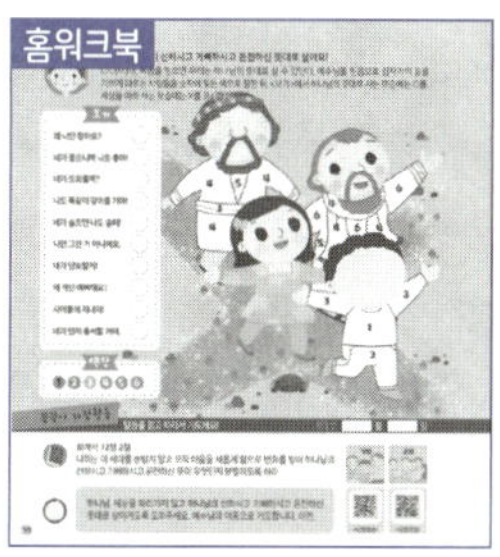

1. 성경 스토리북의 성경 이야기를 읽어 주세요.
2. 홈워크북으로 놀이하며 말씀을 기억해요.
3. 하단에 있는 말씀을 읽고, 부모님을 따라서 기도해요.
4. 확인스티커와 실천스티커를 붙여요.

Plus 부모교육자료

'그러므로'로 시작되는 본문을 통해 바울은 그리스도 안에서 베풀어주시는 하나님의 은혜에 대한 우리의 반응을 간결하게 요약해 놓았습니다. 하나님의 자비하심에 비추어 우리 자신을 하나님께 거룩한 산 제물로 드리라는 것입니다. 이것은 우리의 전 인격과 우리의 전 생애를 하나님께 드리는 것입니다. 우리가 기억해야 할 것은 이것이 특별하거나 단회적인 어떤 일을 의미하는 것이 아니라 우리의 평생에 걸쳐 드리는 영적 예배이어야 한다는 것입니다. 부모 자신뿐 아니라 우리의 자녀도 하나님께 드려진 거룩한 산 제물임을 기억하고, 그들의 전 인격과 생애가 오직 하나님을 향하도록 양육해야 하는데, 이는 특별히 가정 신앙 교육을 통해서 가능합니다. 부모의 믿음과 믿음으로 살아내려는 매일의 삶은 자녀에게 부지런한 가르침이 될 것입니다. 일상의 삶 가운데 일어나는 소소한 이야기를 자녀와 함께 나누고, 이 세대를 본받지 않고 하나님의 선하시고 기뻐하시는 뜻대로 바른 판단을 하도록 도와주세요. 그리고 삶 속에서 어떻게 살아가면 좋을지 본문 말씀 안에서 찾아가도록 가르쳐 주세요. 하나님의 기쁘신 뜻을 따라 걷는 믿음의 멋진 가정이 되기를 원합니다.

5단원 하나 되는! 하나님 나라

5단원 주제는 "하나 되는! 하나님 나라"입니다. 이번 단원은 바울이 고린도교회에 보낸 서신서인 고린도전·후서를 중심으로 다룹니다. 여기에는 여러 지도자를 따라 다툼이 있는 고린도교회가 예수님의 복음과 사랑으로 다시 하나 되고, 오직 보배이신 예수님만을 자랑하는 공동체가 되기를 원하는 바울의 마음이 담겨 있습니다.

▲5단원 찬양 ▲5단원 암송

단원 개요

고린도교회는 바울의 2차 전도 여행 때 고린도 지역에 세워진 교회이며, 당시 그곳은 지중해 국가들의 해상 교통과 무역의 중심지였습니다. 고린도교회 안에는 타락한 이방 문화가 들어오고 계파별로 나뉘어 다투는 등 여러 문제가 생겨났습니다. 바울은 3차 전도 여행 중에 이 소식을 듣고 고린도전·후서를 보냈습니다. **17과**는 바울과 아볼로 등 교회의 지도자들은 하나님 나라의 동역자이며, 우리 모두가 하나님 나라를 위해 서로의 다양성을 인정하고 교회의 하나 됨을 위해 노력해야 함을 배웁니다. **18과**는 교회는 하나 됨을 위해 더 큰 은사인 사랑의 은사를 사모해야 함을 알고, 서로 참고 믿고 바라는 사랑의 구체적인 모습을 배웁니다. **19과**는 연약한 질그릇 같은 바울이 보배이신 예수님이 함께 계시기에 복음을 담대하게 전파한 것처럼 우리도 연약하나 보배이신 예수님 안에서 하나님의 능력을 나타내는 교회가 되어야 함을 배웁니다.

단원 티칭 가이드

5단원의 "하나 되는! 하나님 나라"를 통해 교회인 우리는 서로의 다름을 인정하고 서로 사랑해야 함을 알려주세요. 그리고 오래 참고 온유하고, 서로 믿고 바라는 사랑을 실천하게 도와주세요. 또한 아직 작고 연약한 아이들이지만, 보배이신 예수님이 우리 안에 계시니 세상 속에서 낙심하지 않고 승리하는 자녀가 되도록 격려해 주시고 기도해 주세요. 가정에서도 주중에 성경 스토리북과 홈워크북, 말씀 축복 기도를 통해 하나 된 하나님 나라를 이루어 가도록 안내해 주세요.

사랑은 오래 참고 사랑은 온유하며 시기하지 아니하며 사랑은 자랑하지 아니하며 교만하지 아니하며(고린도전서 13장 4절)

사랑은 오래 참고
손허리 한 채로
왼쪽과 오른쪽으로
세 번씩 엉덩이를 움직인 후
양손을 주먹 쥐고 흔든다.

사랑은 온유하며
손허리 한 채로
왼쪽과 오른쪽으로
세 번씩 엉덩이를 움직인 후
손으로 하트 모양을
만들어서 얼굴 옆으로 이동한다.

시기하지 아니하며
주먹 쥐고 오른쪽에서
앞뒤로 흔든 후
왼쪽에서 손가락을
좌우로 흔든다.

사랑은
손허리 한 채로
엉덩이를 왼쪽,
오른쪽으로
세 번 움직인다.

자랑하지 아니하며
한 손을 턱밑에서
위로 올린 후 양손을
X 모양으로 만든다.

교만하지 아니하며
양손을 턱밑에서 위로
올린 후 양손으로
X 모양을 만들고
좌우로 몸을 이동한다.

17과 우리는 서로 하나 된 교회예요(고전 3:1-9)

읽을 말씀 | 고린도전서 3:9
학습요점 | 우리(교회)는 하나님 나라를 위해 동역하는 하나 된 공동체예요.
적 용 | 서로의 다양성을 인정하며 교회의 하나 됨을 위해 노력한다.

18과 우리는 사랑으로 섬기는 교회예요(고전 13:1-7)

읽을 말씀 | 고린도전서 13:4
학습요점 | 우리(교회)는 사랑으로 섬기는 하나 된 공동체예요.
적 용 | 하나 된 공동체는 서로 참고 믿고 바라며 사랑하는 삶을 실천한다.

19과 우리는 예수님을 자랑하는 교회예요(고후 4:7-18)

읽을 말씀 | 고린도후서 4:7
학습요점 | 우리(교회)는 연약하나 하나님의 능력을 나타내는 공동체예요.
적 용 | 우리는 연약한 존재이나 능력이 우리 안에 있지 않고 하나님께 있음을 알고 낙심 하지 않는다.

성경 파노라마 띠

3과정 1학기

고린도전·후서

사도행전 — 빌립보서

5단원 하나 되는! 하나님 나라

17과 우리는 서로 하나 된 교회예요

본 문 | 고린도전서 3장 1-9절

읽을말씀 | 고린도전서 3장 9절
우리는 하나님의 동역자들이요 너희는 하나님의 밭이요 하나님의 집이니라

학습요점 | 우리(교회)는 하나님 나라를 위해 동역하는 하나 된 공동체예요.

학습목표 | 서로의 다양성을 인정하며 교회의 하나 됨을 위해 노력한다.

학습진행 |

단계	학습내용	준비물
경청이 5분	① 손유희로 제목을 따라 합니다. ② 교사용 그림자료를 통해 교회는 하나님 나라를 위해 하나 된 공동체라는 이야기를 듣고 질문에 답합니다.	17과 교사용 그림자료
믿음이 12분	③ 워크북 활동을 진행합니다. (활동명: 다른 우리가 하나! 예수님을 전하는 교회!)	17과 학생용 워크북, 부록지, 필기 도구, 색연필, 투명테이프
다짐이 3분	④ 17과 제목 손유희를 하며 다짐합니다. ⑤ 기도하고 마칩니다. ⑥ 홈워크북 활동을 소개하고 가정에서 활동하도록 합니다.	
단계	**가정에서 활동해요**	**준비물**
꼭꼭이 10분	⑦ 17과 성경 이야기를 읽습니다. ⑧ 홈워크북 활동을 한 후 확인스티커를 붙입니다. ⑨ 5단원 찬양-암송-복습앱(17과) 활동을 한 후 기도로 마칩니다.	17과 홈워크북, 색연필, 확인스티커, 5단원 가정안내문

본문해설

그리스도의 몸인 우리는 하나님 나라를 위해 동역하는 하나 된 공동체이다. 이것이 바울이 고린도교회 성도들에게 알려준 참된 교회의 모습이다. 성도는 하나의 목적, 즉 그리스도의 십자가만을 전하며 나아가는 존재들이다. 고린도교회 안에는 어러 지도자를 표방하는 파벌이 형성되어 있었다. 어떤 이들은 고린도교회를 세운 바울을 따랐으며, 어떤 이들은 풍부한 지식을 가진 아볼로를 따랐고, 어떤 이들은 초기 기독교 공동체를 대표하는 베드로를 따랐다. 이러한 파벌을 경멸한 자들은 그리스도를 따른다고 하면서 또 다른 파벌을 형성했다. 그야말로 사분오열된 상황이었다. 이런 상황 속에서 바울은 십자가에 달린 그리스도만을 내세우며, 오직 구원은 그리스도에게만 있고 그분의 권위에 의해 세례가 베풀어진다고 강조했다. 교회 지도자들은 예수님께서 맡겨주신 양 무리를 섬기는 일꾼이요 동역자일 뿐이다. 성도는 지도자들에 대하여 세상적인 기준을 가지고 평가함으로써 교회의 분열을 초래해서는 안 된다. 교회는 하나님 나라를 위해 그리스도 안에서 하나 된 공동체이다. 성도는 교회의 하나 됨을 위해 노력해야 한다. 이를 위해 교회의 머리이신 예수 그리스도 안에서 서로의 다양성을 인정해야 한다. 사람을 높이고 사람을 앞세우면 시기하고 분쟁하기 쉽다. 우리는 육신을 따라 시기와 분쟁을 일으킬 것이 아니라 머리이신 예수님 안에서 교회의 하나 됨을 위해 힘써야 한다.

진행 1 제목을 손유희와 함께 들려줍니다.

선생님의 손유희를 따라 하면서 17과 제목을 따라 말해 보아요. **"우리는 서로 하나 된 교회예요."**

	**우리는** 양손을 가슴에 포갠 후 앞으로 내민다.		**서로 하나 된** 오른손 검지손가락으로 숫자 1을 표현한다.		**교회예요** 양손으로 지붕 모양을 만든다.

진행 2 교사용 그림자료를 사용하여 성경 이야기를 들려주고, 질문을 합니다.

17-①

"나는 아볼로가 좋아요!" "나는 바울이 더 좋아요!"
고린도교회 사람들이 서로 다퉜어요.

17-②

"우리 모두는 하나님 나라의 일꾼일 뿐입니다.
자라게 하시는 분은 오직 하나님이세요." 바울이 말했어요.
우리는 다투지 않고 하나 되는 교회를 이루어가야 해요.

Q 하나님은 하나님 나라의 일꾼인 우리가 서로 다투지 않는 어떤 교회가 되기를 원하시나요?

A 하나 되는 교회

우리 반 궁금이에게 이렇게 대답해 주세요.

(하나님 나라의) 동역자가 무슨 뜻이에요?
하나님 나라를 위해 함께 일하는 사람을 뜻해요.

진행 3 워크북 활동을 진행합니다.

제 목	다른 우리가 하나! 예수님을 전하는 교회!
준 비 물	17과 워크북, 부록지, 필기 도구, 색연필, 투명테이프
기대효과	예수님의 구원의 은혜를 입은 교회는 서로 다른 모습이어도 머리이신 예수님 안에서 하나인 것을 기억하며, 함께 교회를 이루기로 결심합니다.

step.1 손가락 인형 만들기

친구들, 우리 교회에는 누가 있나요? 한 명씩 돌아가면서 말해 볼게요. (유아의 대답-목사님, 전도사님, 선생님, 권사님, OO이 등) 우와, 정말 많은 사람이 함께 있네요. 그런데 모습이 모두 같나요, 다른가요? 네, 모두 다 달라요. 무엇이 다른지 이야기해 봐요(유아의 대답-생김새, 키, 좋아하는 것, 성격, 잘하는 것 등). 오늘은 우리 교회 사람들을 손가락 인형으로 만들어 볼 거예요. 재미있겠죠? 많이 만들고 싶지만, 7명의 사람만 정해 주세요. 자, 이제 도안을 조심조심 뜯고, 색연필과 필기구를 이용해서 꾸며 볼게요. 옷에 있는 선대로 접고 투명테이프로 붙이면 손가락 인형이 완성돼요. 친구들이 만든 인형들도 모두 다 다르네요.

step.2 인형극 하기

완성된 인형을 손가락에 끼우고 짧은 인형극을 함께 해볼게요. 먼저 고린도교회 사람들이 되어 오늘 배운 이야기를 연극으로 만들고요, 다음에는 우리 OO교회 사람들의 이야기도 만들어 봐요.

Tip. 유치부 지도자용 USB 17과 설교 대본을 참고하여 더 재미있고 자유롭게 이야기를 만들어 봅니다.

step.3 우리는 하나! 교회 완성하기

친구들과 함께 하니 더 재밌는 인형극이 되었어요. 우리는 모두 예수님 안에서 십자가의 은혜로 생명을 얻은 하나 된 교회예요. 부록에 있는 교회 그림판에 9개의 손가락 인형을 끼워 주세요. 모두 다 다르지만 OO교회 사람들은 하나예요.

마무리

고린도교회 사람들은 서로 다퉜어요. 하나님은 우리가 하나님의 동역자(일꾼)로서 하나 되기를 원하고 기뻐하세요. 하나 된 우리! 예수님을 전하는 OO교회를 하나님이 기뻐하신다는 것을 꼭꼭 기억해요.

진행 4 배운 말씀을 기억하고 다짐합니다.

말씀을 기억하며 '교회 그림판'을 들고 다짐해요. 선생님이 "우리는 달라도"라고 하면, 친구들은 "하나 된 교회예요!"라고 큰 소리로 외쳐요.

"우리는 달라도"

"하나 된 교회예요!"

Tip. 같은 방법으로 선생님과 아이들이 바꾸어서 반복해 봅니다.

진행 5 기도로 마칩니다.

하나님 아버지, 십자가의 은혜로 우리에게 구원을 주셔서 감사해요. 예수님 안에서 서로 달라도 귀하게 여기고 하나 됨을 힘쓰는 우리 교회가 되게 해주세요. 예수 그리스도의 이름으로 기도합니다. 아멘.

진행 6 가정에서 17과 성경 스토리북과 홈워크북을 활용하도록 안내합니다.

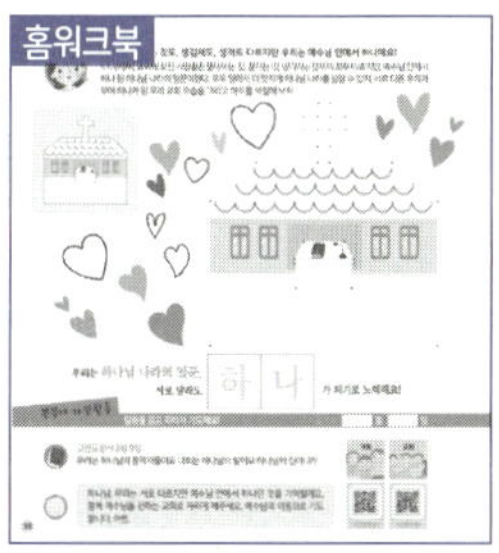

1. 성경 스토리북의 성경 이야기를 읽어 주세요.
2. 홈워크북으로 놀이하며 말씀을 기억해요.
3. 하단에 있는 말씀을 읽고, 부모님을 따라서 기도해요.
4. 확인스티커와 실천스티커를 붙여요.

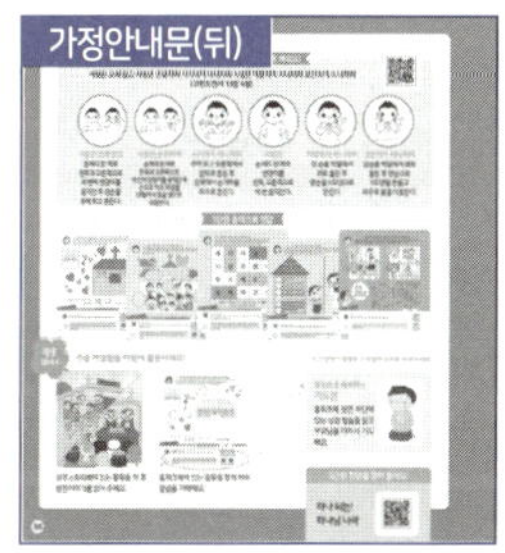

1. 'OOO의 부모님께'에 유아의 이름을 넣어서 전달해 주세요.
2. 5단원 말씀 암송곡과 찬양곡을 QR코드를 활용하여 복습해요.
3. 과별 유치부 앱을 통해 다양한 방법으로 복습해요.

Plus 부모교육자료

5-7세 취학 전 유아들은 자신과 타인이 다르다는 것을 인지하고 타인과의 관계를 어떻게 맺어야 하는지 배우는 시기입니다. 그러나 여전히 다름을 인정하고 함께하는 데에는 미숙합니다. 그러므로 자녀에게 나와 다른 사람들을 인정하고 함께하는 방법을 배우도록 도와주어야 합니다. 하나님은 사람을 하나님을 닮은 존재로 만드시면서 같은 사람은 단 한 사람도 없게 지으셨음을 자녀에게 가르쳐 주시고, 교회는 이렇게 다양한 사람들을 모아 십자가의 사랑으로 머리 되신 예수님과 성령님의 도우심으로 하나 되게 하신 것을 힘써 지켜야 한다는 것도 가르쳐 주시기 바랍니다. 간혹 믿는 가정의 부모도 자신과 더 마음이 맞는 자녀를 편애하고 가정 내에서 편 가르기를 하기도 합니다. 믿음의 가정은 예수님을 믿는 공동체인 교회입니다. 가정에서부터 하나 됨을 지키기 위한 노력과 실천이 필요합니다. 서로의 다름을 인정해 주고, 다름 안에서 더 창조적이고 멋진 하나님의 계획을 바라보는 마음과 눈을 갖기를 바랍니다. 가정은 신앙 훈련의 장입니다. 가정에서 하나 됨을 힘써 지키고, 그러한 건강한 믿음의 가정들이 모여 더 든든히 서가는 교회가 되기를 기대합니다.

18과

5단원 하나 되는! 하나님 나라

우리는 사랑으로 섬기는 교회예요

본 문 | 고린도전서 13장 1-7절

읽을말씀 | 고린도전서 13장 4절
사랑은 오래 참고 사랑은 온유하며 시기하지 아니하며 사랑은 자랑하지 아니하며 교만하지 아니하며

학습요점 | 우리(교회)는 사랑으로 섬기는 하나 된 공동체예요.

학습목표 | 하나 된 공동체는 서로 참고 믿고 바라며 사랑하는 삶을 실천한다.

학습진행 |

단계	학습내용	준비물
경청이 5분	① 손유희로 제목을 따라 합니다. ② 교사용 그림자료를 통해 교회는 서로 사랑으로 섬겨야 한다는 이야기를 듣고 질문에 답합니다.	18과 교사용 그림자료
믿음이 12분	③ 워크북 활동을 진행합니다. (활동명: 솔솔~ 사랑의 향기 가득 우리 교회!)	18과 학생용 워크북, 부록지, 18과 스티커, 풀
다짐이 3분	④ 18과 제목 손유희를 하며 다짐합니다. ⑤ 기도하고 마칩니다. ⑥ 홈워크북 활동을 소개하고 가정에서 활동하도록 합니다.	
단계	**가정에서 활동해요**	**준비물**
꼭꼭이 10분	⑦ 18과 성경 이야기를 읽습니다. ⑧ 홈워크북 활동을 한 후 확인스티커를 붙입니다. ⑨ 5단원 찬양-암송-복습앱(18과) 활동을 한 후 기도로 마칩니다.	18과 홈워크북, 필기도구, 확인스티커, 실천스티커

본문해설

교회는 사랑으로 섬기는 하나 된 공동체이다. 1세기 당시의 고린도는 로마제국이 전략적으로 재건한 신도시였다. 그곳은 다양하고 값진 물품들을 거래하여 부를 빠르게 축적할 수 있는 항구도시였으며, 로마 시대 상류층이 인생의 마지막을 살고 싶어 하는 은퇴자의 휴식처였다. 그런 지역에 위치해 있던 고린도교회는 다양한 은사를 가진 자들이 많이 있었지만, 은사에 대한 편향된 생각과 욕심으로 인해 하나 됨을 이루지 못했다. 이에 바울은 몸과 지체의 비유를 통해 '더욱 큰 은사'를 사모하라고 하면서 은사의 중요성을 강조하는 가운데, 영적 은사를 사용하는 '가장 좋은 길'을 소개하기에 이른다. 그것이 바로 '사랑'의 방법이다. 사랑이 없으면 은사는 의미가 없으며, 존재감도 없고, 아무 유익도 없다. 사도 바울이 보여주는 사랑에 대한 정의는 오래 참는 것에서 시작하여 모든 것을 참고, 믿고, 바라고, 견디는 것으로 끝난다. 이는 사랑의 시작과 끝이 인내와 관련되어 있음을 강조하는 것이다. 또한 사랑은 온유하고, 시기, 자랑, 교만하지 않고, 무례, 이기심, 성냄, 악한 생각, 불의와도 관계없으며, 진리와 함께 기뻐한다. 그리스도의 몸인 교회에서 우리의 모든 행동의 근본은 사랑이어야 한다. 사랑으로 행할 때만 은사가 빛을 내며, 그리스도의 몸을 이롭게 하기 때문이다. 따라서 우리는 하나님께서 주신 은사를 사랑으로 드러낼 것을 다짐하고, 삶 속에서 인내하고, 시기하지 않으며, 무례하게 행하지 않고, 모든 것을 참아주는 사랑을 실천해야 한다.

진행 1 제목을 손유희와 함께 들려줍니다.

선생님의 손유희를 따라 하면서 18과 제목을 따라 말해 보아요. **"우리는 사랑으로 섬기는 교회예요."**

	**우리는** 양손을 가슴에 포갠 후 앞으로 내민다.		**사랑으로 섬기는** 머리 위로 큰 하트를 만든다.		**교회예요** 양손으로 지붕 모양을 만든다.

진행 2 교사용 그림자료를 사용하여 성경 이야기를 들려주고, 질문을 합니다.

18-①

바울은 고린도교회 사람들에게
서로 사랑으로 섬기라고 편지했어요.
어떻게 사랑해야 할까요?

18-②

토닥토닥 친절하게 대해요.
자랑하거나 교만하지 않아요.
화내지 않고 모든 것을 참고 믿고 바라요.
우리는 사랑으로 섬기는 교회예요.

Q 교회가 하나 되기 위해서 서로 무엇으로 섬겨야 하나요?

A 사랑

우리 반 궁금이에게 이렇게 대답해 주세요.

'은사'가 뭐예요?
믿는 사람에게 성령님이 선물로 주시는 특별한 능력이에요. 이 선물은 나를 높이거나 자랑하는 데 쓰지 않고, 교회에서 다른 이를 섬기고, 그리스도의 몸을 세워가는 일에 써야 해요.

진행 3 워크북 활동을 진행합니다.

제 목	솔솔~ 사랑의 향기 가득 우리 교회!
준 비 물	18과 워크북, 부록지, 18과 스티커, 풀
기대효과	사랑이 가득한 우리 교회를 만들고, 교회를 위해 사랑으로 섬길 수 있는 일이 무엇인지 하트 막대에 있는 대로 실천해 봅니다.

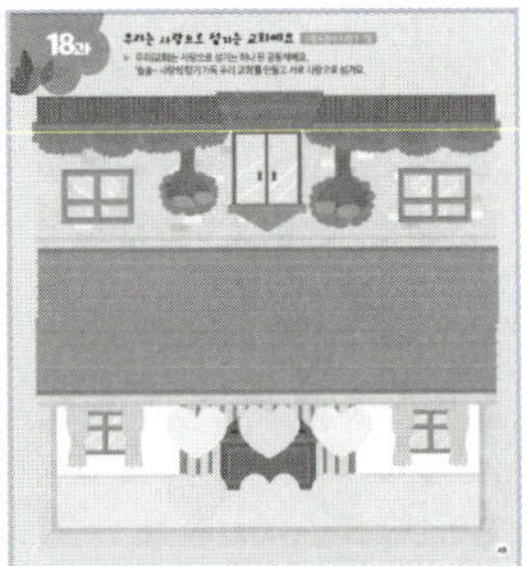

step.1 도안대로 뜯고 선대로 접기

친구들, 우리는 교회 안에서 서로 사랑을 실천해야 해요. 교회 안에서 우리가 실천할 수 있는 사랑은 무엇일까요? (유아의 자유로운 대답) 아주 좋아요. 그럼 지금부터 친구들과 함께 솔솔~ 사랑 향기 나는 우리 ○○교회를 만들어요. 도안을 조심조심 잘 뜯고, 크게 반으로 접은 뒤 선대로 접어서 교회 모양을 만들게요.

step.2 교회 완성하여 하트 막대 넣기

다 접었나요? 우와, 건물 모양이 되었지요? 십자가를 붙이니 짜잔! 교회가 완성되었어요. 교회의 정면뿐 아니라 옆 모습과 (뒤로 돌려) 교회 안의 모습까지 보여요. 교회를 무엇으로 채울까요? 맞아요. 사랑으로 채워요. 하트 막대에는 사랑의 그림이 있어요. 우리 친구들이 말한 것들도 있는지 찾아볼까요? (배려, 양보, 칭찬, 축복의 말, 인사, 용서, 안아주기, 청소 등) 이제 하트 막대를 칼선을 따라 교회 속으로 쏙 넣어서 하트만 나오게 해주세요.

step.3 하트 막대 뽑아 사랑 실천하기

뒷면 교회 안에 우리 친구들이 실천할 사랑들을 스티커로 붙여주어요. 그리고 집으로 돌아간 뒤에 하트 막대를 쏙쏙 하나씩 뽑아서 집과 교회에서 사랑을 실천해요. 하트 막대 미션을 완료한 뒤에는 막대 뒷면에 실천 스티커도 붙여요.

기쁜 마음으로 서로서로 사랑을 실천할 때, 우리(교회)는 하나가 되어요. 하나 되는 멋진 ○○교회가 되기를 원하지요? 사랑 향기 가득한 ○○교회를 함께 만들어가는 우리 친구들이 되기를 바라요.

진행 4 배운 말씀을 기억하고 다짐합니다.

오늘은 서로 꼬옥 안아주며 말씀을 기억해요. (손 하트를 크기별로 만들며) "사랑으로 섬기는" (서로를 안아주며) "OO교회!"

Tip. 하트를
① 손가락 하트
② 손으로 만든 하트
③ 머리 위로 만든 큰 하트
등으로 크기를 바꾸어가며 활동합니다.

진행 5 기도로 마칩니다.

하나님 아버지, 모든 일을 사랑으로 행하며 사랑으로 하나 되는 우리 OO교회가 되게 해주세요. 예수님의 이름으로 기도합니다. 아멘.

진행 6 가정에서 18과 성경 스토리북과 홈워크북을 활용하도록 안내합니다.

1. 성경 스토리북의 성경 이야기를 읽어 주세요.
2. 홈워크북으로 놀이하며 말씀을 기억해요.
3. 하단에 있는 말씀을 읽고, 부모님을 따라서 기도해요.
4. 확인스티커와 실천스티커를 붙여요.

Plus 부모교육자료

교회는 다양한 사람들이 모인 공동체입니다. 직업, 나이, 성격 등 가진 것이 모두 다를 뿐 아니라 성령님께서 각 사람에게 주신 은사 또한 모두 다릅니다. 하나님께서는 이러한 다양한 사람들이 모인 교회가 진정으로 하나가 되는 것은 오직 예수님의 참된 사랑으로만 가능하다고 말씀하셨습니다. 각 사람이 가진 은사가 그리스도의 몸 안에서 동등한 가치가 있음을 알고, 가장 큰 은사인 '사랑'을 사모하며 더불어 살아갈 때 교회는 비로소 하나가 될 수 있습니다. 고린도교회 사람들이 하나가 되지 못하고 분열된 이유 중 하나는 성령님께서 주신 은사에 우위를 정하고, 은사를 사랑 없이 행하였기 때문입니다. 그렇기에 우리는 자녀들이 성령님께서 각자에게 주신 은사를 가지고 교회 안에서 사랑을 실천해야 함을 반드시 가르쳐 주어야 합니다. 자녀가 가장 먼저 경험한 사랑의 공동체는 가정입니다. 조건 없는 하나님의 사랑을 경험하는 곳도 가정입니다. 자녀가 가정에서 고린도전서 13장에 나타난 사랑의 모습을 경험하게 해주세요. 부모를 통해 참고 기다려주고 바라는 사랑, 온유와 배려 속에서 지지와 응원을 받은 자녀는 하나님 나라를 위한 사랑의 아이로 자라가게 될 것입니다.

5단원 하나 되는! 하나님 나라

19과 우리는 예수님을 자랑하는 교회예요

본 문 | 고린도후서 4장 7-18절

읽을말씀 | 고린도후서 4장 7절
우리가 이 보배를 질그릇에 가졌으니 이는 심히 큰 능력은 하나님께 있고 우리에게 있지 아니함을 알게 하려 함이라

학습요점 | 우리(교회)는 연약하나 하나님의 능력을 나타내는 공동체예요.

학습목표 | 우리는 연약한 존재이나 능력이 우리 안에 있지 않고 하나님께 있음을 알고 낙심하지 않는다.

학습진행 |

단계	학습내용	준비물
경청이 5분	① 손유희로 제목을 따라 합니다. ② 교사용 그림자료를 통해 질그릇에 담긴 보배 이야기를 듣고 질문에 답합니다.	19과 교사용 그림자료
믿음이 12분	③ 워크북 활동을 진행합니다. (활동명: 내 안에 있는 능력의 보배)	19과 학생용 워크북, 19과 스티커, 색칠 도구, 보석 스티커
다짐이 3분	④ 19과 제목 손유희를 하며 다짐합니다. ⑤ 기도하고 마칩니다. ⑥ 홈워크북 활동을 소개하고 가정에서 활동하도록 합니다.	
단계	**가정에서 활동해요**	**준비물**
꼭꼭이 10분	⑦ 19과 성경 이야기를 읽습니다. ⑧ 홈워크북 활동을 한 후 확인스티커를 붙입니다. ⑨ 5단원 찬양-암송-복습앱(19과) 활동을 한 후 기도로 마칩니다.	19과 홈워크북, 색연필, 확인스티커

본문해설

우리는 연약하나 하나님의 능력을 나타내는 공동체이다. 비록 성도 개개인은 연약하지만, 성도와 성도의 연합 안에 보배, 즉 복음이 있다. 바울은 수많은 고난에 직면하는 중에도 자신을 예수 그리스도의 복음을 전하는 사도라고 말한다. 우리는 질그릇과 같이 깨질 수 있는 연약한 존재이지만, 우리 안에 그리스도 예수에 관한 복음 즉 보배가 담겨 있다. 하나님께서 질그릇 같은 우리 안에 보배를 담으신 이유는 큰 능력이 우리가 아닌 하나님께 있음을 알게 하시려는 것이다. 즉 하나님 나라의 복음이 하나님의 능력으로 전파되는 것임을 보이시기 위함이다. 실제로 바울은 복음을 선포할 때 욱여쌈을 당하고 답답한 일과 박해를 만나고 거꾸러뜨림을 당하였지만 끝내 넘어지지 않고 복음을 전했다. 바울 안에 있는 복음의 능력 때문이었다. 우리 역시 질그릇처럼 깨지기 쉬운 존재라서 환난 앞에 낙심할 수 있지만, 우리 안에 있는 복음의 능력으로 다시 일어서게 될 것이다. 복음을 가진 우리는 결국 하나님 나라의 큰 영광을 누리게 될 것이다. 우리는 두 가지 사실을 기억해야 한다. 우리는 질그릇과 같이 깨지기 쉬운 존재라는 것과 그런 우리 안에 보배로운 복음이 담겨 있다는 사실이다. 이는 우리(교회)를 통해 하나님의 능력을 나타내시려는 하나님의 놀라운 계획이다. 그러므로 우리는 신앙생활을 하는 가운데 어떤 고난을 만나더라도 낙심하지 말아야 한다.

진행 1 제목을 손유희와 함께 들려줍니다.

선생님의 손유희를 따라 하면서 19과 제목을 따라 말해 보아요. **"우리는 예수님을 자랑하는 교회예요."**

	**우리는** 양손을 가슴에 포갠 후 앞으로 내민다.	 ① ②	**예수님을 자랑하는** 양손 엄지손가락을 앞으로 내민 후 양손을 위아래로 흔든다.		**교회예요** 양손으로 지붕 모양을 만든다.

진행 2 교사용 그림자료를 사용하여 성경 이야기를 들려주고, 질문을 합니다.

19-①

흔들흔들 우리는 마치 깨지기 쉬운 질그릇과 같아요.
하지만 걱정 없어요.
우리 마음 안에 반짝반짝 보배이신
예수님이 계시니까요.

19-②

보배이신 예수님과 함께하는 우리는
하나님의 능력을 나타내는 교회예요.

Q 질그릇같이 깨지기 쉬운 우리(교회) 안에 누가 계신가요?

A 보배이신 예수님

우리 반 궁금이에게 이렇게 대답해 주세요.

질그릇이 뭐예요?

진흙으로 만든 그릇이에요. 떨어뜨리면 쉽게 깨지고 윤기도 없어요. 성경은 우리가 깨어지기 쉬운 질그릇과 같다고 말씀해요.

진행 3 워크북 활동을 진행합니다.

제 목	내 안에 있는 능력의 보배
준 비 물	19과 워크북, 19과 스티커, 색칠 도구, 보석 스티커
기대효과	우리는 질그릇처럼 깨지기 쉽고 힘도 없지만 내 안에 능력의 보배이신 예수님이 계심을 기억하고, 어떤 상황에서도 낙심하지 않기로 다짐합니다.

step.1 색칠하여 그림 완성하기

친구들, 오늘 배운 말씀 기억나나요? 이 친구가 지금 무엇을 보고 있을까요? (유아의 대답) 아하, 친구들의 말대로 그릇을 보고 있는 것일까요? 아니면 그 안에 담긴 반짝반짝 보배, 다른 말로 보석을 보고 있는 것일까요? 지금부터 시간을 줄게요. 내가 좋아하는 색으로 하나밖에 없는 보석을 꼼꼼하고 예쁘게 색칠해 주어요.

step.2 선대로 접기

보석을 다 색칠한 친구들은 도안을 떼어서 보석이 안으로 쏙 들어가게 선대로 접어 주어요. (접은 상태로) 그림처럼 우리는 마치 깨지기 쉽고 힘없는 질그릇과 같아요. 그런데 내 안에는 (접은 것을 펴며) 반짝반짝 빛나는 보석이 있어요. 바로 능력의 예수님이에요. 어? 그런데 예수님은 어디 계실까요? (준비한 19과 스티커를 보여준다.)

step.3 스티커 붙이고 활동하기

아, 여기 계시네요. 예수님 스티커를 보석 위에 붙여야 짜잔! (접었다 폈다를 반복한다.) 이제야 완성이 되었어요. 우리는 비록 깨지기 쉽고 힘도 없지만 (접고) 내 안에 계신 예수님은 (펴고) 강한 분이세요. 반짝반짝 능력의 보석이에요. 예수님 주변에 반짝반짝 보석 스티커를 많이 붙여서 장식해요.

마무리

친구들, 나는 비록 질그릇 같지만 반짝반짝 예수님 때문에 어려운 일을 당하거나 실패해도 낙심하지 않아요. 사람들은 우리가 예수님을 의지할 때 질그릇 같은 우리가 아니라 우리 안에 계신 예수님을 보게 될 거예요. 반짝반짝 보배이신 예수님을 자랑하는 친구들이 되기로 해요.

진행 4 배운 말씀을 기억하고 다짐합니다.

다 함께 만든 것을 접었다 펴면서 외쳐요.

(접은 상태로)
"우리는"

(펴면서)
"예수님을 자랑해요."

Tip. 같은 방법으로 선생님과 아이들이 바꾸어서 반복해 봅니다.

진행 5 기도로 마칩니다.

하나님 아버지, 우리는 쉽게 깨어지는 질그릇과 같아서 하나님의 말씀대로 살지 못할 때가 많아요. 그때마다 내 안에 보배이신 예수님을 기억하고 낙심하지 않게 해주세요. 다시 일어나서 말씀을 따라 살 수 있게 도와주세요. 예수님의 이름으로 기도합니다. 아멘.

진행 6 가정에서 19과 성경 스토리북과 홈워크북을 활용하도록 안내합니다.

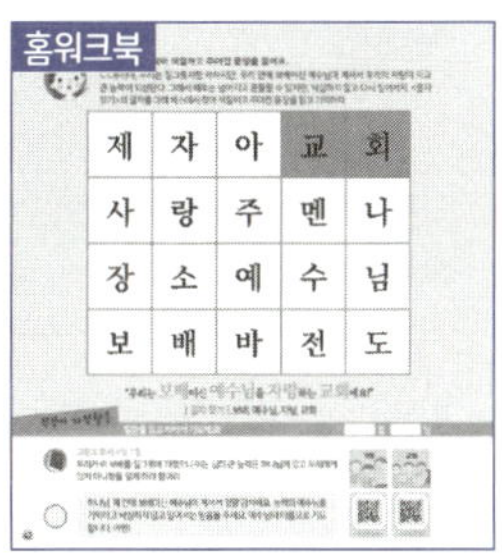

1. 성경 스토리북의 성경 이야기를 읽어 주세요.
2. 홈워크북으로 놀이하며 말씀을 기억해요.
3. 하단에 있는 말씀을 읽고, 부모님을 따라서 기도해요.
4. 확인스티커와 실천스티커를 붙여요.

Plus 부모교육자료

바울은 연약해서 고통과 고난을 두려워하고 자주 실수하고 실패하는 우리를 깨어지기 쉬운 질그릇에 비유합니다. 하지만 이 질그릇 안에 능력의 보배이신 예수님을 가졌다고 말합니다. 그래서 욱여쌈을 당하여도, 답답한 일을 당하고 박해를 받고 때로 거꾸러뜨림을 당하더라도 낙심하지 않을 것은 우리 안에 계신 하나님의 능력 곧 예수님의 생명이 나타나 넉넉히 이겨낼 것이기 때문이라고 말합니다. 자아 중심성 때문에 객관적으로 상황을 보기 어려운 어린 자녀에게 '나는 깨어지기 쉬운 약한 존재'이지만, 또한 '나는 능력의 보배이신 예수님을 의지하여 낙심하지 않는 존재'라는 것을 가르쳐 주세요. 우리는 비록 질그릇이라도 우리 안에 자랑할 만한 귀한 보배가 있는 것을 일깨워 주세요. 우리의 약함과 여러 어려움에도 낙심하지 않고, 가장 선하고 좋은 길로 인도하시는 능력의 보배이신 예수님을 의지하여 믿음의 길을 묵묵히 걸어가는 가정이 되기를 축복합니다.

6단원 매일매일! 하나님 나라

6단원 주제는 "매일매일! 하나님 나라"입니다. 이번 단원은 바울의 서신서 중 갈라디아서, 에베소서, 빌립보서를 통해 하나님 나라 백성의 삶을 배웁니다. 성령의 아홉 가지 열매, 전신 갑주, 항상 기도하며 기뻐해야 함을 가르치는 말씀을 통해 세상 속에서 풍성한 열매를 맺고 승리하는 삶의 비결을 배웁니다.

▲6단원 찬양 ▲6단원 암송

단원 개요

갈라디아서는 바울이 갈라디아교회에 보낸 편지로, 율법을 지킴으로 의롭게 된다는 거짓 교사들의 가르침에 대해 오직 믿음으로 의롭게 되는 복음을 설명하며 성령의 은혜와 능력으로 살아야 함을 강조합니다. 에베소서와 빌립보서는 바울의 옥중서신으로 하나님 나라 백성이 알아야 할 구원의 복음과 성도의 삶에 대해 기록하고 있습니다. **20과**는 아홉 가지 성령의 열매가 무엇인지 알고 성령을 따라 열매 맺는 삶을 살아야 함을 배웁니다. **21과**는 악한 마귀의 공격을 대적하고 승리하기 위해 매일 하나님의 전신 갑주를 입고 믿음의 방패와 성령의 검을 가지고 승리하는 삶을 살아야 함을 배웁니다. **22과**는 그리스도인은 모든 지각에 뛰어나신 하나님의 주권을 인정하기에 항상 모든 일에 기도하며 기쁨으로 살아야 함을 배웁니다. 이렇게 세상 속에서 살아갈 때 하나님 나라가 전파됨을 알게 됩니다.

단원 티칭 가이드

6단원의 "매일매일! 하나님 나라"를 통해 아홉 가지 성령의 열매를 맺기 위해서는 날마다 성령님을 따라 살아야 함을 알려주세요. 또한 우리를 넘어뜨리려는 마귀의 공격이 있기에 구원의 진리로 무장할 뿐 아니라 믿음의 방패와 말씀의 검으로 승리하는 자녀가 되도록 기도해 주세요. 힘들고 어려운 일을 만날 때 모든 것을 아시는 하나님을 믿고 항상 기도하고 기뻐하는 자녀가 되도록 격려해 주세요. 가정에서도 주중에 성경 스토리북과 홈워크북, 말씀 축복 기도를 통해 매일매일 하나님 나라를 이루어 가도록 안내해 주세요.

오직 성령의 열매는 사랑과 희락과 화평과 오래 참음과 자비와 양선과 충성과 온유와 절제니 이 같은 것을 금지할 법이 없느니라(갈라디아서 5장 22-23절)

오직 성령의 열매는
양손을 가슴에 모아 기도손을 한 후 양손을 위로 펴고 가슴 쪽에서 두 주먹을 모아 열매를 만든다.

사랑과 희락과 화평과
양손으로 하트 모양을 만든 후 두 손바닥을 양옆으로 활짝 펴고 양손을 반짝이며 가슴에 모은다.

오래 참음과 자비와 양선과
양손을 가슴에 모아 기도손을 한 후 양 손바닥을 사선으로 양쪽에서 한 번씩 편다.

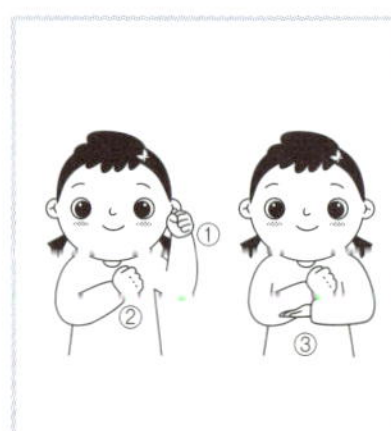

충성과 온유와 절제니
양손을 주먹 쥐고 한 손은 가슴에 댄 후 주먹 쥔 다른 손을 펴서 위에서 아래로 가슴까지 세 번 찍어 내린다.

이 같은 것을 금지할
양 손바닥을 위에서 아래쪽으로 툭툭 치며 배꼽 쪽으로 내려온 후 다른 쪽도 동일하게 한다.

법이 없느니라
양손을 크게 X자를 하며 가슴에 모은 후 밖으로 크게 펴고 손허리 한다.

20과 성령의 열매를 맺으며 살아요(갈 5:16-26)

읽을 말씀 | 갈라디아서 5:22-23

학습요점 | 그리스도인은 성령의 열매를 맺으며 살아요.

적　　용 | 성령의 아홉 가지 열매를 알고 성령의 아홉 가지 열매를 풍성히 맺는 삶을 산다.

21과 하나님의 전신 갑주를 입고 승리하며 살아요(엡 6:10-18)

읽을 말씀 | 에베소서 6:13

학습요점 | 그리스도인은 하나님의 전신 갑주를 입고 승리하며 살아요.

적　　용 | 구원의 투구, 의의 흉배, 진리의 허리띠, 평화의 신발, 믿음의 방패, 성령의 검으로 무장하여 매일매일 영적 전쟁에서 승리한다.

22과 항상 기도하고 기뻐하며 살아요(빌 4:4-7)

읽을 말씀 | 빌립보서 4:6

학습요점 | 그리스도인은 항상 모든 일에 기도하며 기쁨으로 살아요.

적　　용 | 모든 지각에 뛰어나신 하나님께 구할 것을 감사함으로 기도한다.

성경 파노라마 띠

3과정 1학기

갈라디아서·에베소서·빌립보서

사도행전 — 빌립보서

6단원 매일매일! 하나님 나라

20과 성령의 열매를 맺으며 살아요

본 문 | 갈라디아서 5장 16-26절

읽을말씀 | 갈라디아서 5장 22-23절
오직 성령의 열매는 사랑과 희락과 화평과 오래 참음과 자비와 양선과 충성과 온유와 절제니 이 같은 것을 금지할 법이 없느니라

학습요점 | 그리스도인은 성령의 열매를 맺으며 살아요.

학습목표 | 성령의 아홉 가지 열매를 알고 성령의 아홉 가지 열매를 풍성히 맺는 삶을 산다.

학습진행 |

단계	학습내용	준비물
경청이 5분	① 손유희로 제목을 따라 합니다. ② 교사용 그림자료를 통해 그리스도인이 매일 맺어야 하는 성령의 열매 이야기를 듣고 질문에 답합니다.	20과 교사용 그림자료
믿음이 12분	③ 워크북 활동을 진행합니다. (활동명: 탱글탱글~ 성령 열매)	20과 학생용 워크북, 부록지, 투명 컵(지름 9cm), 색 빨대 9개, 투명테이프, 필기도구
다짐이 3분	④ 20과 제목 손유희를 하며 다짐합니다. ⑤ 기도하고 마칩니다. ⑥ 홈워크북 활동을 소개하고 가정에서 활동하도록 합니다.	
단계	**가정에서 활동해요**	**준비물**
꼭꼭이 10분	⑦ 20과 성경 이야기를 읽습니다. ⑧ 홈워크북 활동을 한 후 확인스티커를 붙입니다. ⑨ 5단원 찬양-암송-복습앱(20과) 활동을 한 후 기도로 마칩니다.	20과 홈워크북, 색연필, 확인스티커, 6단원 가정안내문

본문해설

그리스도인은 성령의 열매를 맺으며 산다. 그리스도인은 예수님을 영접하는 순간 하나님의 거룩한 백성 즉 '의인'이 된다. 따라서 예수님을 믿는 순간부터 거룩한 삶을 살아가야 한다. 다르게 말해서 성화의 삶을 살아가야 한다. 사도 바울은 "너희는 성령을 따라 행하라 그리하면 육체의 욕심을 이루지 아니하리라"라고 선포한다. 이는 거룩한 삶을 위해 매우 중요한 말씀이다. 거룩한 삶에서 가장 중요한 것은 '성령 하나님'과 함께하는 삶이다. 성도는 옛사람에 속한 육체의 욕심을 따르지 않고 성령을 따라 행해야 한다. 이를 위해서 성도가 기억해야 할 법칙 중 하나가 "육체의 소욕은 성령을 거스르고 성령은 육체를 거스르나니"라는 말씀이다. 그 둘은 서로를 대적하기 때문이다. 그리스도인은 육체와 함께 정욕과 탐심을 십자가에 못 박은 자들이다. 따라서 우리는 육체의 소욕이 아니라 성령으로 살며, 성령으로 행해야 한다. 그럴 때 우리의 삶 속에서 사랑, 희락, 화평, 오래 참음, 자비, 양선, 충성, 온유, 절제와 같은 성령의 열매를 풍성하게 맺게 된다. 그리스도인은 성령을 따라 행하는 자이다. 이는 곧 성령의 인도하심을 받는 것이며, 성령으로 사는 것이며, 성령으로 행하는 것이다. 따라서 우리는 성령님을 사모해야 한다. 성령의 열매는 성령님과 함께하는 삶을 통해 맺히는 열매이기 때문이다. 성령의 열매를 맺는 삶은 성령 충만을 사모하는 것에서 시작된다는 사실을 기억해야 한다.

진행 1 제목을 손유희와 함께 들려줍니다.

선생님의 손유희를 따라 하면서 20과 제목을 따라 말해 보아요. **"성령의 열매를 맺으며 살아요."**

	**성령의 열매를** 머리 위로 큰 원을 만든다.		**맺으며** 머리 위의 큰 원을 오른쪽, 왼쪽으로 움직인다.		**살아요** 박수를 두 번 친다.

진행 2 교사용 그림자료를 사용하여 성경 이야기를 들려주고, 질문을 합니다.

성령님의 인도하심을 따라가면
아홉 가지 성령의 열매를 주렁주렁 맺을 수 있어요.
성령의 열매는 사랑, 희락, 화평, 오래 참음,
자비, 양선, 충성, 온유, 절제예요.

성령님과 함께 매일매일
성령의 열매를 맺으며 살아가요.

Q 예수님을 믿는 그리스도인들은 매일매일 무엇을 맺으며 살아가야 하나요?

A 성령의 열매

우리 반 궁금이에게 이렇게 대답해 주세요.

어떻게 하면 성령의 열매를 탱글탱글 잘 맺을 수 있어요?
매일매일 성령의 아홉 가지 열매를 기억하고 성령님의 인도하심을 따라 순종하며 실천할 때 건강한 성령의 열매를 맺을 수 있어요.

진행 3 워크북 활동을 진행합니다.

제 목	탱글탱글~ 성령 열매
준 비 물	20과 학생용 워크북, 부록지, 투명 컵(지름 9cm), 색 빨대 9개, 투명테이프
기대효과	성령의 아홉 가지 열매가 무엇인지 기억하고 매일매일 성령의 열매를 맺는 삶을 살아갑니다.

사전준비

① 투명 컵을 준비합니다.
② 색 빨대 9개를 적당한 크기로 잘라 준비합니다.

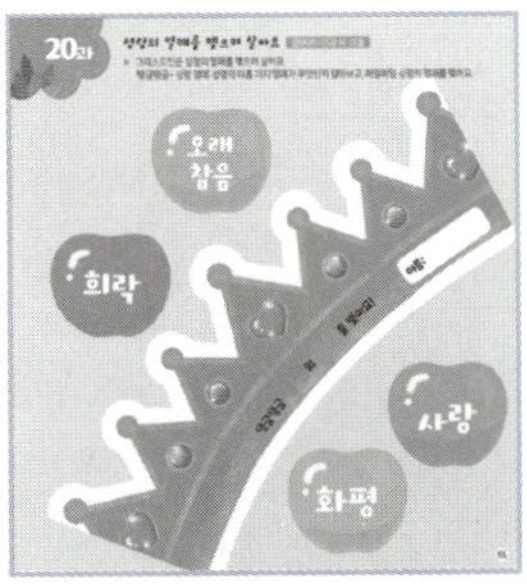

step.1 성령의 열매 말해보기

친구들, 예수님을 믿는 그리스도인은 어떻게 살아가야 하나요? 맞아요. 매일매일 성령의 아홉 가지 열매를 맺으며 살아가야 해요. 성령의 아홉 가지 열매가 무엇인지 기억나나요? 한번 말해 볼까요? (유아의 대답) 오늘은 '탱글탱글~ 성령 열매' 컵을 만들어 볼게요. 도안에 있는 아홉 가지 열매와 컵 홀더 전개도, 열매꽂이를 모두 뜯어 보세요.

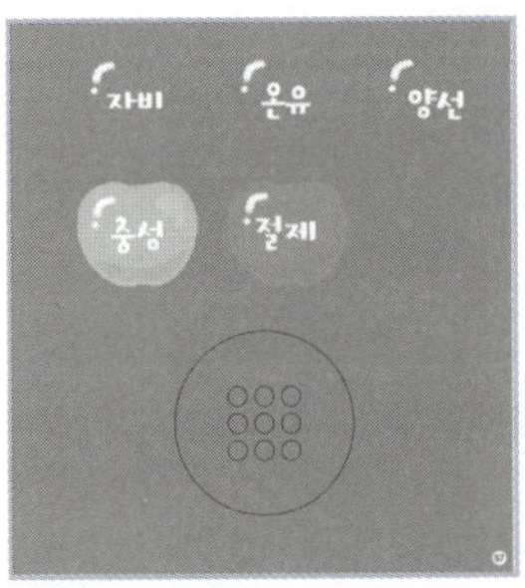

step.2 컵 홀더 만들기

탱글탱글 성령 열매 컵을 만들기 위해서는 먼저 투명 컵에 붙일 성령님의 인도하심을 나타내는 왕관 컵 홀더 전개도가 필요해요. 전개도에 있는 선대로 접고 끝부분은 투명테이프로 붙여 주세요. 뒷면 이름 칸에 자신의 이름을 쓰고 투명 컵에 끼워요. 다음은 9개의 구멍이 뚫어져 있는 둥근 빨대 고정틀을 컵 안으로 넣어 보아요. 어려운 친구는 선생님이 도와줄게요.

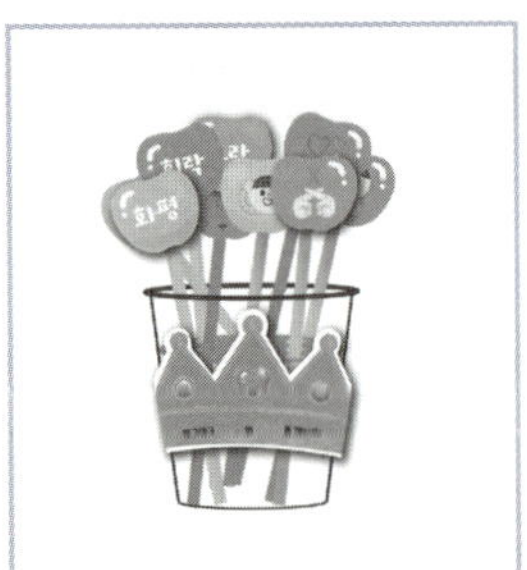

step.3 성령의 열매 끼우기

자, 이제 이 컵에 성령의 열매를 하나씩 끼워 보아요. 빨대 1개에 성령의 열매 그림 1개를 투명테이프를 이용해 붙여 보세요. 모두 붙였나요? 자, 그럼 '탱글탱글~ 성령 열매'를 9개의 구멍에 끼워볼 거예요. 한 명씩 돌아가며 열매 이름을 말하면 한께 그 열매를 꽂아보기로 해요. (유아가 말한 열매를 한께 고정틀에 꽂는다.) 모두 잘했어요. '탱글탱글~ 성령 열매' 컵 완성!

마무리

예수님을 믿는 사람은 매일매일(손가락을 꼽으며) 성령의 열매를 맺으며 살아가요. 우리 반 친구들도 매일매일(손가락을 꼽으며) 성령의 열매를 맺으며 살아가야 해요. 완성한 컵을 잘 보이는 곳에 두고 기억하며 성령의 아홉 가지 열매를 풍성히 맺는 친구들이 되어요.

진행 4 배운 말씀을 기억하고 다짐합니다.

오늘은 완성한 성령 열매 컵을 친구의 컵과 부딪치며 다짐 컵 뽀뽀를 해보아요. 컵을 손에 들고 선생님이 "매일매일" 하면, 다 함께 "성령의 열매를 맺어요!"라고 하며 컵 뽀뽀를 해요.

"매일매일"

"성령의 열매를 맺어요!"

Tip. 인원이 많은 경우는 둘이 짝을 지어 진행해도 좋습니다.

진행 5 기도로 마칩니다.

하나님 아버지, 예수님을 믿음으로 우리에게 구원을 주셔서 감사해요. 우리 안에 거하시는 성령님을 따라 매일매일 성령의 열매를 맺으며 살아가는 하나님 나라 아이가 될래요. 예수님의 이름으로 기도합니다. 아멘.

진행 6 가정에서 20과 성경 스토리북과 홈워크북을 활용하도록 안내합니다.

성경 스토리북

홈워크북

1. 성경 스토리북의 성경 이야기를 읽어 주세요.
2. 홈워크북으로 놀이하며 말씀을 기억해요.
3. 하단에 있는 말씀을 읽고, 부모님을 따라서 기도해요.
4. 확인 스티커와 실천 스티커를 붙여요.

가정안내문(앞)

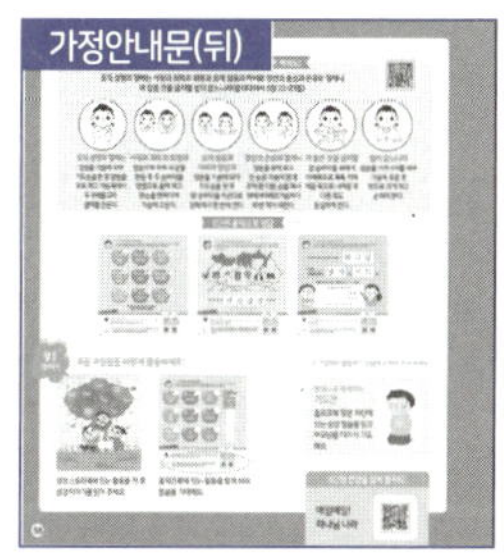

가정안내문(뒤)

1. 'ㅇㅇㅇ의 부모님께'에 유아의 이름을 넣어서 전달해 주세요.
2. 6단원 말씀 암송곡과 찬양곡을 QR코드를 활용하여 복습해요.
3. 과별 유치부 앱을 통해 다양한 방법으로 복습해요.

plus 부모교육자료

예수 그리스도를 주로 고백하고 새 생명을 얻은 자는 그리스도와 함께 거하며 성령을 좇아 행하는 사람입니다. 그리스도인은 "성령의 인도하는 바"를 따라 살며 더 이상 율법 아래에 있지 않습니다. 성령과 육체는 서로 대적하기에 성령을 따라 행하면 육체의 욕심을 따르지 않습니다. 믿는 자가 육체의 욕심은 어쩔 수 없다며 죄를 합리화하는 것은 성령을 따라 행할 때 육체의 욕심을 이길 수 있다는 하나님의 말씀을 부정하는 것입니다. 성령을 따라 사는 것과 육체를 따라 사는 삶은 그 내용과 방향 그리고 그 결과가 분명하게 구별됩니다. 성령의 열매를 맺는 삶은 매일매일 나 자신을 하나님께로 더 가까이하며 매일매일 민감함으로 깨어 성령의 인도를 좇아 사는 것입니다. 자녀에게 성령의 아홉 가지 열매를 가르쳐 주세요. 단순한 암기가 아니라 열매 맺는 삶을 위해 어떻게 실천해야 하는지를 가르쳐 주어야 합니다. 성령의 인도를 따라 살아가는 부모의 모습을 보면서 우리의 자녀도 성령의 열매를 맺는 삶을 살아가게 될 것입니다.

21과

6단원 매일매일! 하나님 나라

하나님의 전신 갑주를 입고 승리하며 살아요

본 문 | 에베소서 6장 10-18절

읽을말씀 | 에베소서 6장 13절
그러므로 하나님의 전신 갑주를 취하라 이는 악한 날에 너희가 능히 대적하고 모든 일을 행한 후에 서기 위함이라

학습요점 | 그리스도인은 하나님의 전신 갑주를 입고 승리하며 살아요.

학습목표 | 구원의 투구, 의의 흉배, 진리의 허리띠, 평화의 신발, 믿음의 방패, 성령의 검으로 무장하여 매일매일 영적 전쟁에서 승리한다.

학습진행 |

단계	학습내용	준비물
경청이 5분	① 손유희로 제목을 따라 합니다. ② 교사용 그림자료를 통해 하나님의 전신 갑주 이야기를 듣고 질문에 답합니다.	21과 교사용 그림자료
믿음이 12분	③ 워크북 활동을 진행합니다. (활동명: 이얍, 이얍! 하나님의 전신 갑주 입고 매일매일 브이!)	21과 학생용 워크북, 21과 스티커, 풀, 색 종이컵 1-2개, 고무밴드, 건전지(AAA) 1개, 투명테이프, 양면테이프
다짐이 3분	④ 21과 제목 손유희를 하며 다짐합니다. ⑤ 기도하고 마칩니다. ⑥ 홈워크북 활동을 소개하고 가정에서 활동하도록 합니다.	
단계	**가정에서 활동해요**	**준비물**
꼭꼭이 10분	⑦ 21과 성경 이야기를 읽습니다. ⑧ 홈워크북 활동을 한 후 확인스티커를 붙입니다. ⑨ 6단원 찬양-암송-복습앱(21과) 활동을 한 후 기도로 마칩니다.	21과 홈워크북, 색연필, 확인스티커

본문해설

그리스도인은 하나님의 전신 갑주를 입고 승리하며 산다. 우리가 기억해야 할 것은 지금도 "하늘에 있는 악의 영들"이 믿지 않는 사람들 가운데서 역사하고 있다는 사실이다. 따라서 그리스도인은 하나님 나라 백성으로서 마귀와의 영적 전쟁을 늘 유념해야 한다. 또한 동시에 이 영적 전쟁이 외관적으로 동등하고 팽팽한 싸움처럼 보인다고 할지라도, 예수 그리스도께서 십자가와 부활로 승리하심으로 마귀를 패배시켰다는 사실 또한 기억해야 한다. 마귀를 향한 그리스도인의 싸움은 이미 이긴 싸움인 것이다. 그럼에도 불구하고 그리스도인이 마귀를 대적하여 싸우기 위해서는 하나님의 능력으로 강건해야 할 뿐 아니라 하나님의 전신 갑주로 무장해야 한다. 그것은 진리의 띠로 허리를 묶고, 의의 호심경을 장착하고, 평안의 복음으로 신을 신고, 믿음의 방패를 들고, 구원의 투구를 쓰고, 성령의 검 곧 하나님의 말씀을 붙잡는 것이다. 이것에 더하여 사도 바울은 항상 깨어 성령 안에서 기도하고 간구할 것을 명령하고 있다. 우리의 대적 원수 마귀는 간사한 계략으로 우리를 위협하고 있다. 우리가 이것을 능히 물리치기 위해서는 하나님의 전신 갑주로 무장해야 한다. 전신 갑주의 핵심은 '진리', '의', '복음', '구원', '믿음', '말씀'과 관련되어 있다. 따라서 우리는 영적 전쟁에서 승리하기 위해 하나님의 말씀을 붙잡는 일과 깨어 기도하는 일에 힘써야 한다.

진행 1 제목을 손유희와 함께 들려줍니다.

선생님의 손유희를 따라 하면서 21과 제목을 따라 말해 보아요. **"하나님의 전신 갑주를 입고 승리하며 살아요."**

	**하나님의** 양팔을 차례로 위로 올린다.	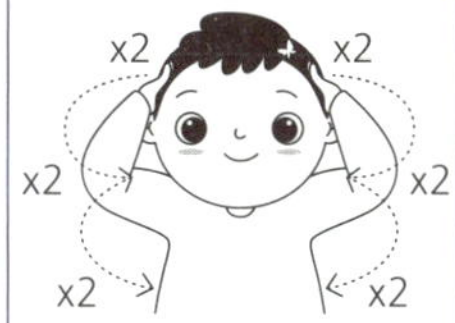	**전신 갑주를 입고** 두 손으로 머리, 어깨, 허리를 차례로 짚는다.		**승리하며 살아요** 검지, 중지로 브이를 만들어 한 손씩 앞으로 내민다.

진행 2 교사용 그림자료를 사용하여 성경 이야기를 들려주고, 질문을 합니다.

21-①

전쟁에서 승리하려면 갑옷을 입고 무장해야 해요.
악한 마귀가 공격해 올 때
우리는 하나님의 전신 갑주를 입고
완전히 무장해야 승리할 수 있어요.

21-②

"얍얍!" 믿음의 방패와 말씀의 검을 가지고
늘 승리하며 살아요.

Q 악한 마귀가 공격해올 때 우리는 무엇을 입고 승리할까요?

A 하나님의 전신 갑주

우리 반 궁금이에게 이렇게 대답해 주세요.

전신 갑주가 뭐예요?
전신 갑주는 군인이 전쟁에 나갈 때 머리부터 발끝까지 보호하기 위해 입는 옷을 말해요. 하나님의 전신 갑주는 하나님 안에서 마귀와 싸울 때 승리하기 위해 입는 옷을 말해요.

진행 3 워크북 활동을 진행합니다.

제 목	이얍, 이얍! 하나님의 전신 갑주 입고 매일매일 브이!
준 비 물	21과 워크북, 21과 스티커, 풀, 색 종이컵 1-2개, 고무밴드, 건전지(AAA) 1개, 투명테이프, 양면테이프
기대효과	보이지 않는 영적 전쟁에서 승리하기 위해서는 매일 하나님의 전신 갑주를 입고 있어야 함을 기억합니다.

사전준비

① 종이컵의 양옆 부분을 가로 1cm 간격, 세로 1cm 길이로 두 줄씩 잘라 놓는다.
② 건전지(AAA)에 투명테이프로 고무밴드를 고정해 놓는다.

step.1 전신 갑주 입히기

친구들, 오늘 배운 말씀은 특별한 옷에 관한 것이었어요. 어떤 옷이었나요? (유아의 대답) 아주 잘 들었군요. 전쟁에 나갈 때 적의 공격으로부터 몸을 보호하기 위해 입는 전신 갑주예요. 이 전쟁의 적은 보이지 않지만, 매일 쉬지도 않고 매 순간 공격하기 때문에 하나님이 주신 전신 갑주를 입고 늘 무장하고 있어야 해요. 도안에 있는 친구는 '나'예요. 오늘 배운 전신 갑주를 풀을 이용해서 입혀 주어요.

step.2 색 종이컵에 고정하기

전신 갑주를 모두 입었나요? 풀 또는 양면테이프를 이용해서 전신 갑주 입은 나를 색 종이컵에 붙여 주어요. 다 붙인 후에는 색 종이컵 밑에 건전지를 연결해 줄 거예요. 종이컵 입구 쪽에 선생님이 미리 잘라 놓은 부분이 보이죠? 이곳에 고무줄을 끼워요.

Tip. ① 색 종이컵에 고무줄을 끼운 후 투명테이프로 붙이면 더 단단히 고정됩니다.
② 종이컵 2개를 겹치면 더욱 탄탄한 활동 도구가 됩니다.

공과 시연 영상 참고

step.3 전신 갑주 입고 나가기

종이컵에 연결한 고무밴드를 뱅글뱅글 돌려서 바닥에 놓아볼게요. 우와! 전신 갑주를 입은 내가 힘차게 앞으로 나가요! 매일매일 하나님의 전신 갑주를 입고 악한 마귀와의 싸움에서 이기는 친구들의 모습 같아요.

Tip. 하나 바이블 어플을 통해 3-1학기 21과 교회용 공과 시연 영상을 참고하세요.

마무리

하나님은 예수님을 믿는 우리에게 전신 갑주를 주셨어요. 마귀와 싸워 이기려면 매일매일 하나님의 전신 갑주를 계속해서 입는 것이 아주 중요해요. 매일매일 기도하며 전신 갑주를 입고 싸움에서 승리하는 친구들이 되어요.

진행 4 배운 말씀을 기억하고 다짐합니다.

오늘은 좀 특별하고 멋지게 다짐하는 시간을 가져 볼까요? 종이컵에 있는 고무밴드를 돌려서 바닥에 내려놓고 다 함께 외쳐요. 자, 다 함께 시작!

"하나님의 전신 갑주를 입고"

"승리해요!"

진행 5 기도로 마칩니다.

하나님 아버지, 악한 마귀와의 싸움에서 이길 수 있는 하나님의 전신 갑주를 주셔서 감사해요. 매일매일 전신 갑주를 입고 매 순간 승리하게 해주세요. 예수님의 이름으로 기도합니다. 아멘.

진행 6 가정에서 21과 성경 스토리북과 홈워크북을 활용하도록 안내합니다.

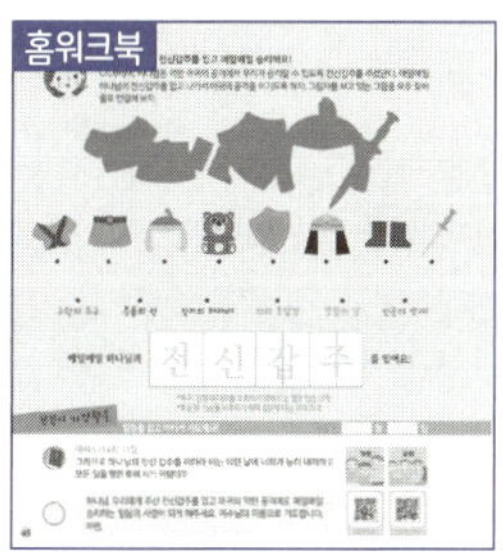

1. 성경 스토리북의 성경 이야기를 읽어 주세요.
2. 홈워크북으로 놀이하며 말씀을 기억해요.
3. 하단에 있는 말씀을 읽고, 부모님을 따라서 기도해요.
4. 확인스티커와 실천스티커를 붙여요.

Plus 부모교육자료

우리는 하나님의 은혜와 보호하심 아래서 여전히 격렬한 영적 전투를 매일매일 수행하고 있습니다. 하나님의 전신 갑주는 하나님께서 우리에게 주신 완전 무장으로서 영적 전투를 위해 반드시 필요하고, 이미 예수님을 통해 입고 있으며, 계속해서 입어야 할 보호장구입니다. 하나님의 전신 갑주는 눈에 보이지 않기에 유아가 이해하기에 힘든 개념입니다. 하지만 이해하기 어렵다고 가르치지 않을 수는 없습니다. 어리지만 그들도 매일 치열한 영적 전투를 치르기 때문이지요. 매일 하나님의 전신 갑주를 입고 승리할 수 있음을 듣는 것 자체로 매우 의미 있는 일입니다. 자녀가 하나님의 말씀을 지키려고 하지만, 마귀의 미혹으로 힘들어하거나 낙심할 때 하나님께서 이미 전신 갑주를 주셨음을 이야기해 주세요. 예수님의 십자가와 부활을 통해 이미 우리도 승리하게 하셨다는 것과 하나님의 전신 갑주를 입고 나갈 때 승리할 수 있다는 것도 말씀해 주세요. 자녀와 자주 일상을 나누면서 오늘 잊고 놓친 전신 갑주의 요소는 무엇인지 함께 점검하고, 약한 부분을 더 단단하게 무장하는 가정이 되기를 바랍니다.

6단원 매일매일! 하나님 나라

22과 항상 기도하고 기뻐하며 살아요

본 문 | 빌립보서 4장 4-7절

읽을말씀 | 빌립보서 4장 6절
아무것도 염려하지 말고 다만 모든 일에 기도와 간구로, 너희 구할 것을 감사함으로 하나님께 아뢰라

학습요점 | 그리스도인은 항상 모든 일에 기도하며 기쁨으로 살아요.

학습목표 | 모든 지각에 뛰어나신 하나님께 구할 것을 감사함으로 기도한다.

학습진행 |

단계	학습내용	준비물
경청이 5분	① 손유희로 제목을 따라 합니다. ② 교사용 그림자료를 통해 하나님 안에서 항상 기도하고 기뻐하라는 이야기를 듣고 질문에 답합니다.	22과 교사용 그림자료
믿음이 12분	③ 워크북 활동을 진행합니다. (활동명: 기쁨과 감사가 퐁퐁! 기도손 캐스터네츠 만들기)	22과 워크북, 풀 또는 양면테이프, 플라스틱 병뚜껑 2개, 목공풀 또는 투명테이프
다짐이 3분	④ 22과 제목 손유희를 하며 다짐합니다. ⑤ 기도하고 마칩니다. ⑥ 홈워크북 활동을 소개하고 가정에서 활동하도록 합니다.	
단계	가정에서 활동해요	준비물
꼭꼭이 10분	⑦ 22과 성경 이야기를 읽습니다. ⑧ 홈워크북 활동을 한 후 확인스티커를 붙입니다. ⑨ 6단원 찬양-암송-복습앱(22과) 활동을 한 후 기도로 마칩니다.	22과 홈워크북, 색연필, 확인스티커

본문해설

그리스도인은 항상 모든 일에 기도하며 기쁨으로 산다. 하나님 나라 백성은 하나님의 주권을 인정하고 살아간다. 모든 지각에 뛰어나신 하나님이 모든 것을 주관하시고 다스리신다. 이런 사실에 근거하여 사도 바울은 "주 안에서 항상 기뻐하라"고 명령한다. 여기서 '기뻐하라'는 명령은 복수 형태이다. 즉 거룩한 공동체 안에서 공동체와 함께 기뻐하라는 말이다. 사도 바울 자신은 감옥에 있으면서 빌립보 성도들에게 편지를 보내 '기뻐하라'고 명령하고 있다. 이는 곧 환경을 초월하여 기뻐하라는 것이다. 이와 함께 다른 사람에 대하여 너그러운 마음을 가지라고 명령한다. 또한 염려하는 대신 모든 일에 감사함으로 기도하라고 명령한다. 이처럼 '항상 기뻐하라', '관용을 알게 하라', '감사함으로 기도하라'는 명령은 하나님께서 모든 것을 주관하신다는 믿음에 따르는 것이다. 우리는 모든 것을 주관하시는 하나님을 신뢰하는 가운데 항상 기뻐하고, 관용을 베풀며, 모든 일에 감사함으로 기도하는 삶을 살아야 한다. 우주 만물을 통치하시는 하나님은 우리의 모든 것을 아신다. 그리고 하나님께서 평강 가운데 우리의 마음과 생각을 주관하신다. 그러므로 우리는 하나님의 주권을 믿고 항상 기뻐하는 삶을 살아야 한다. 모든 사람을 향해 관용을 베풀어야 한다. 염려하지 말고 모든 일을 감사하며 하나님께 기도해야 한다.

진행 1 제목을 손유희와 함께 들려줍니다.

선생님의 손유희를 따라 하면서 22과 제목을 따라 말해 보아요. **"항상 기도하고 기뻐하며 살아요."**

	**항상 기도하고** 양손을 모아 기도손을 만든다.		**기뻐하며** 양손 손바닥을 밖으로 펴고 좌우로 흔든다.		**살아요** 박수를 두 번 친다.

진행 2 교사용 그림자료를 사용하여 성경 이야기를 들려주고, 질문을 합니다.

22-①

"여러분, 항상 기뻐하세요! 모든 일에 감사하며
하나님께 기도하세요."
바울은 감옥에서 빌립보교회 성도들에게 편지를 썼어요.

22-②

모든 것을 아시는 하나님께서 우리에게 평강을 주세요.
매일매일 모든 일에 기도하고 기뻐하며 살아요.

Q 빌립보교회에 쓴 편지에서 바울은 예수님 안에서 항상 기○하고 모든 일에 감사로 기○하라고 했어요. '기'다음에 올 글자는 각각 무엇인가요?

A 뻐, 도(기뻐하고, 기도하라)

우리 반 궁금이에게 이렇게 대답해 주세요.

바울은 감옥에 갇혔지만 어떻게 기뻐할 수 있었어요?
하나님이 우리의 모든 것을 아시고 가장 선하게 인도하신다는 것을 믿었기 때문이지요. 그래서 바울은 오히려 기도하고 기뻐하라고 한 거예요.

진행 3 워크북 활동을 진행합니다.

제 목	기쁨과 감사가 퐁퐁! 기도손 캐스터네츠 만들기
준 비 물	22과 워크북, 풀 또는 양면테이프, 플라스틱 병뚜껑 2개, 목공풀 또는 투명테이프
기대효과	모든 일에 기도하고 기쁨으로 살 것을 기도손 캐스터네츠를 만들어 활동하며 기억합니다.

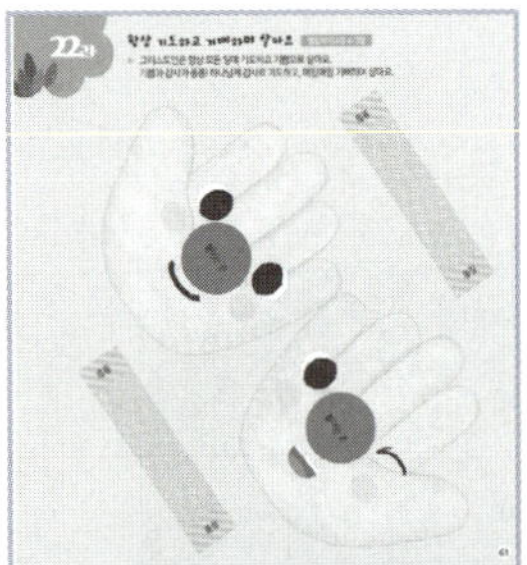

step.1 손 그림 살펴보기

워크북에 있는 손 그림을 도안대로 뜯어 보아요. 앞면과 뒷면에 있는 손은 같은 모양이지만 한쪽은 기도손이고 다른 한쪽은 찬양의 손이에요. 어느 쪽이 기도손이고 어느 쪽이 찬양의 손일까요? 그럼 지금부터 각각의 손에 필요한 재료들을 붙이면서 알아볼게요.

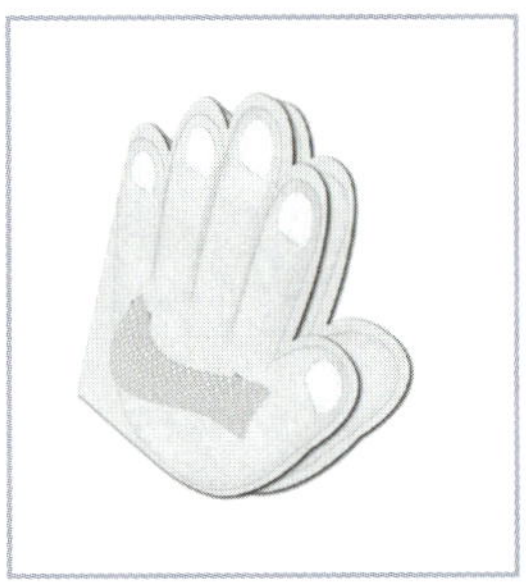

step.2 기도손 만들기

손 모양에 있는 선대로 펼쳐져 있는 손을 반으로 접어 주어요. 그런 다음 표시된 곳에 띠지를 풀 또는 양면테이프로 붙여요. 띠지를 붙이고 손을 넣으니 하나님께 기도하는 예쁜 기도손이 되었네요. "아멘, 아멘! 언제나 감사해요!" 기도하는 손이에요. 하나님께 기도할 때 평강과 기쁨을 주세요.

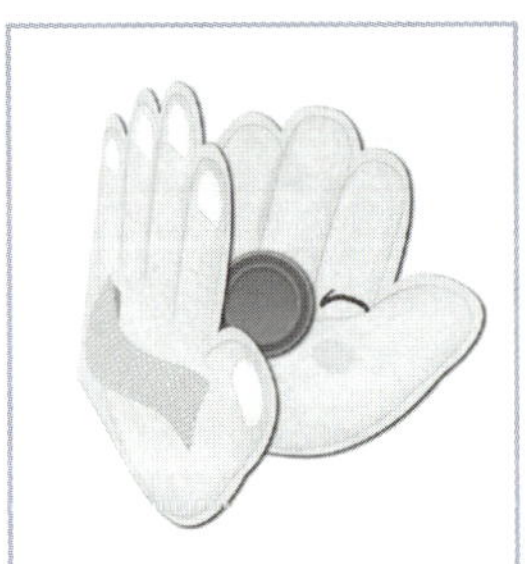

step.3 병뚜껑 붙여 찬양의 손 만들기

이번에는 접힌 면을 뒤집어서 빨간색 부분에 플라스틱 병뚜껑을 목공풀을 이용해서 고정해요. 목공풀은 굳을 때까지 만지지 말고 기다려야 해요. 띠지에 손을 넣어 짝짝 짝짝짝! 이번에는 찬양하는 캐스터네츠가 되었어요. 기도하는 손이 찬양하는 손도 되었어요. 우와, 신기해요. 그렇지요?

Tip. 목공풀 대신 투명테이프를 길게 붙여 고정해도 됩니다.

멋진 기도손 캐스터네츠가 완성되었어요. 예수님을 믿으면 어떤 상황에서도 항상 기뻐해요. 기뻐할 수 없을 때도 걱정하지 않고 감사로 기도해요. 모든 것을 아시는 하나님께서 기도할 때 평강을 주세요. 주님이 주시는 평강 때문에 기뻐하게 돼요. 모든 일에 하나님께 기도하며 기쁨으로 살아가는 친구들이 되어요.

진행 4 배운 말씀을 기억하고 다짐합니다.

모두 함께 동작에 맞추어서 다짐해 보아요. 기도손을 하고 "항상 기도하고", 캐스터네츠 소리를 내며 "기뻐하며 살아요"라고 외치는 거예요.

(기도손 모션)
"항상 기도하고"

(캐스터네츠 소리를 내며)
"기뻐하며 살아요"

진행 5 기도로 마칩니다.

하나님 아버지, 하나님께 기도할 때 우리에게 기쁨과 평강을 주신다는 것을 배웠어요. 예수님 안에서 항상 감사함으로 기도하게 해주세요. 예수님의 이름으로 기도합니다. 아멘.

진행 6 가정에서 22과 성경 스토리북과 홈워크북을 활용하도록 안내합니다.

1. 성경 스토리북의 성경 이야기를 읽어 주세요.
2. 홈워크북으로 놀이하며 말씀을 기억해요.
3. 하단에 있는 말씀을 읽고, 부모님을 따라서 기도해요.
4. 확인스티커와 실천스티커를 붙여요.

Plus 부모교육자료

바울은 억울하게 감옥에 갇혀 있으면서도 성도들에게 기뻐할 것을 당부합니다. 바울은 모든 지각에 뛰어나신 하나님께서 이 상황도 이끌어가심을 믿고 기쁨과 감사로 반응했습니다. 우리는 기도할 때 문제 해결에 초점을 맞추어 기도합니다. 그래서 문제가 해결되어야만 응답을 받았다고 생각합니다. 그러나 기도할 때 바른 태도는 나의 뜻이 아니라 하나님의 뜻이 서는 것, 그러므로 어떤 응답에도 하나님을 신뢰하는 것입니다. 하나님은 기도할 때 그리스도의 평강으로 우리의 생각과 마음을 지켜 주시겠다고 말씀하셨습니다. 평강은 하나님이 주시는 최고의 응답임을 알고 감사해야 합니다. 유아에게 기도를 가르칠 때처럼 하나님께 두 손을 모으고, 두 눈을 감고, 무릎을 꿇는다고 해서 기도가 되는 것이 아닙니다. 기도는 하나님께 대한 믿음이 없이는 할 수 없는 일입니다. 하나님의 구원과 인도하심을 믿을 때 염려가 감사가 되고, 주 안에서 평강이 임하는 것입니다. 우리의 삶 앞에 나타나는 크고 작은 문제들을 자녀와 함께 나누고, 믿음과 감사의 언어로 기도하세요. 주님이 주시는 평강과 안식을 얻고 주 안에서 늘 기뻐하는 복의 가정이 되리라 믿습니다.

종려주일

절기 및 특별공과

예수님은 하나님의 뜻대로 순종하셨어요

본 문 | 마태복음 26장 36-46절

읽을말씀 | 마태복음 26장 39절 하반절
내 아버지여 만일 할 만하시거든 이 잔을 내게서 지나가게 하옵소서 그러나 나의 원대로 마시옵고 아버지의 원대로 하옵소서 하시고

학습요점 | 예수님은 하나님의 뜻대로 순종하셨어요.

학습목표 | 예수님처럼 하나님의 뜻대로 순종하기 위해 기도한다.

학습진행 |

단계	학습내용	준비물
경청이 5분	① 손유희로 제목을 따라 합니다. ② 교사용 그림자료를 통해 하나님의 뜻대로 순종하신 예수님의 이야기를 듣고 질문에 답합니다.	종려주일 교사용 그림자료
믿음이 12분	③ 워크북 활동을 진행합니다. (활동명: 예수님 따라! 순종의 기도 컵 만들기)	종려주일 학생용 워크북, 종려주일 스티커, 투명 컵 2개, 풀 또는 양면테이프, (+Plus 재료: 유아 사진)
다짐이 3분	④ 종려주일 제목 손유희를 하며 다짐합니다. ⑤ 기도하고 마칩니다. ⑥ 홈워크북 활동을 소개하고 가정에서 활동하도록 합니다.	
단계	**가정에서 활동해요**	**준비물**
꼭꼭이 10분	⑦ 종려주일 성경 이야기를 읽습니다. ⑧ 홈워크북 활동을 한 후 확인 스티커를 붙입니다. ⑨ 복습앱(종려주일) 활동을 한 후 기도로 마칩니다.	종려주일 홈워크북, 색연필, 확인 스티커

본문해설

예수님은 하나님의 뜻대로 순종하셨다. 겟세마네 동산에서 예수님이 기도하실 때, 동행한 제자들은 예수님의 부탁에도 불구하고 깨어 있지 못하고 잠이 들었다. 바로 직전에 예수님을 끝까지 부인하지 않고 따르겠다고 장담하던 그들의 모습은 온데간데없다. 그리고 잠든 모습은 앞으로 예수님을 버리고 모두 떠나게 될 상황의 전조로 다가왔다. 예수님의 겟세마네 기도는 간절한 간구로 시작되었다. "내 아버지여 만일 할 만하시거든 이 잔을 내게서 지나가게 하옵소서." 예수님은 자신의 뜻, 자신의 바람을 하나님께 아뢰었다. 하지만 그것으로 끝나지 않는다. 예수님은 "나의 원대로 마시옵고 아버지의 원대로 하옵소서."라고 기도하셨다. 겟세마네 기도는 예수님 자신이 원하는 바와 함께, 그보다 더 간절하게 원하는 것이 아버지의 뜻이었음을 보여준다. 십자가를 앞에 두고 예수님은 세 번이나 동일하게 자기 뜻이 아니라 아버지의 뜻대로 될 것을 기도하셨다. 하나님의 뜻 앞에 순종하셨다. 기도는 나의 소원을 하나님께 아뢰는 것이다. 예수님을 닮은 기도는 나의 소원보다 하나님의 뜻이 이뤄지길 구하는 것이다. 하나님의 뜻을 구하는 기도는 고난을 각오하는 기도이며, 하나님의 뜻에 순종하겠다는 다짐의 기도이다. 우리는 예수님의 본을 따라 하나님의 뜻을 구하는 기도를 해야 한다. 그리고 하나님의 뜻에 순종해야 한다.

진행 1 제목을 손유희와 함께 들려줍니다.

선생님의 손유희를 따라 하면서 종려주일 제목을 따라 말해 보아요. **"예수님은 하나님의 뜻대로 순종하셨어요."**

	**예수님은** 양손 엄지손가락을 차례로 앞으로 내민다.		**하나님의 뜻대로** 양손으로 성경책 펴는 시늉을 한다.		**순종하셨어요** 배꼽손을 하고 인사한다.

진행 2 교사용 그림자료를 사용하여 성경 이야기를 들려주고, 질문을 합니다.

종려주일-①

십자가를 지시기 전, 예수님은
겟세마네 동산에서 엎드려 간절히 기도하셨어요.
"아버지, 할 수만 있으면 십자가의 죽음을 거두어 주소서.
그러나 나의 뜻이 아닌 아버지의 뜻대로 하소서!"

종려주일-②

예수님은 하나님의 뜻대로 우리를 위해 십자가를 지셨어요.
하나님께 순종하신 예수님처럼 우리도 하나님께 순종해요.

Q 십자가를 지시기 전 예수님은 '나'의 뜻이 아니라 '누구'의 뜻대로 해달라고 기도하셨나요?

A 하나님의 뜻

우리 반 궁금이에게 이렇게 대답해 주세요.

순종이 뭐예요?
성경에서 말하는 '순종'은 귀 기울여 듣고 그것을 말씀 그대로 잘 지켜 행하는 것을 말해요. 즉 '들음'과 '지킴'이라는 말이 함께 들어 있는 단어지요. 하나님의 말씀을 잘 듣고 그대로 행해요. 예수님이 보여주신 순종의 모습은 우리가 닮아야 할 모습이에요.

진행 3 워크북 활동을 진행합니다.

제 목	예수님 따라! 순종의 기도 컵 만들기
준 비 물	종려주일 워크북, 종려주일 스티커, 투명 컵 2개, 양면테이프, (+Plus 재료: 유아 사진)
기대효과	순종의 기도 컵을 만들며 우리도 예수님처럼 하나님의 뜻대로 순종하기 위해 기도하기로 다짐합니다.

사전준비

① 투명 플라스틱 컵 2개를 준비합니다.
② 유아의 사진을 워크지 그림과 같은 크기로 미리 출력해 둡니다.

step.1 그림 살펴보고 내 얼굴 스티커 붙이기

친구들, 기도가 뭐예요? (유아의 대답) 그래요. 지금까지 우리는 우리가 원하거나 필요로 하는 것을 하나님께 구하는 것이 기도라고 알고 있었어요. 그런데 예수님은 십자가의 고난을 앞에 두고 하나님의 뜻을 이루기 위해 기도하셨어요. 그것도 세 번씩이나 말이에요. 우리도 예수님처럼 하나님의 뜻에 순종하는 기도를 해야 해요. 여기 우리 친구가 있어요. 친구의 마음에 뭐라고 적혀 있나요? (유아의 대답)
Tip. 유아의 사진 혹은 성별에 맞게 얼굴 스티커를 붙입니다.

step.2 순종의 기도 컵 만들기

투명 컵 2개 중 하나에 예수님과 내가 기도하는 그림을 양면테이프를 사용하여 두르듯이 붙여 주세요. 그림을 붙인 컵 위에 또 다른 투명 컵을 씌우고, 예수님 그림의 '순종' 글씨 위에 맞춘 뒤 '기도 손' 스티커를 붙여요. 예수님은 자신의 뜻보다 하나님의 뜻에 순종하는 기도를 하셨어요. 그리고 하나님의 뜻대로 십자가를 지셨어요.

step.3 순종의 기도 컵을 돌리며 다짐하기

바깥쪽 컵을 돌려서 이번엔 기도 손을 내 모습에 맞춰 볼까요? 참 잘했어요. 우리 친구들도 내가 원하는 것보다 하나님이 원하시는 뜻대로 되길 기도하고 순종하기로 해요.

마무리

친구들, 예수님은 우리의 죄를 용서해 주시기 위해 슬픔도 고통도 꾹 참으시고 하나님의 뜻대로 해달라고 기도하셨어요. 우리도 예수님처럼 하나님의 뜻에 순종하기 위해 기도해야 해요. 그리고 기도는 나의 뜻이 아니라 하나님의 뜻대로 되도록 구하여야 한다는 것도 꼭 기억하도록 해요.

진행 4 배운 말씀을 기억하고 다짐합니다.

순종의 기도 컵을 돌려 그림을 바꿔가며 다짐해 볼까요? 선생님이 "하나님의 뜻대로"라고 하면, 친구들은 "순종할래요"라고 말해요.

Tip. 같은 방법으로 외치면서 기도손이 예수님에게서 나에게 오도록 바깥 컵을 돌리면서 반복합니다.

진행 5 기도로 마칩니다.

하나님 아버지, 예수님이 하나님의 뜻대로 순종하셔서 우리의 죄를 위해 십자가를 지시고 구원해 주신 것을 감사드려요. 우리도 예수님처럼 하나님의 뜻을 구하고 순종하게 해주세요. 예수님의 이름으로 기도합니다. 아멘.

진행 6 가정에서 종려주일 성경 스토리북과 홈워크북을 활용하도록 안내합니다.

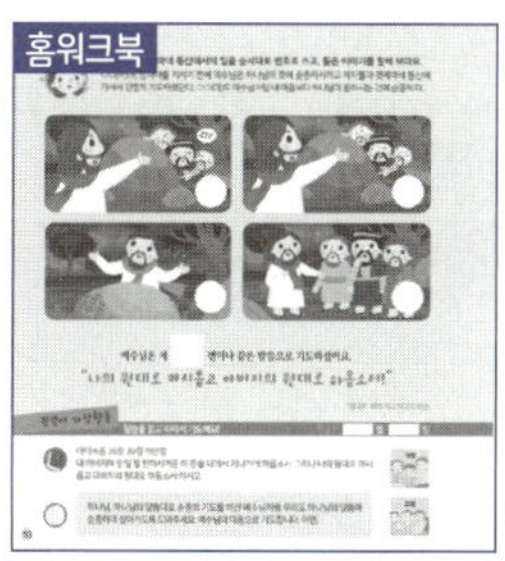

1. 성경 스토리북의 성경 이야기를 읽어 주세요.
2. 홈워크북으로 놀이하며 말씀을 기억해요.
3. 하단에 있는 말씀을 읽고, 부모님을 따라서 기도해요.
4. 확인스티커와 실천스티커를 붙여요.

plus 부모교육자료

유월절 만찬을 마치고 예수님은 제자들과 함께 겟세마네(기름틀)라는 곳에 가셨습니다. 이곳은 예루살렘을 방문할 때마다 제자들과 함께 가신 곳이었을 것입니다. 예수님은 십자가를 지시기 전 마지막 시간에 기도하기를 원하셨습니다. 예수님의 겟세마네 기도는 몇 가지 교훈을 주는데 첫째, 고난 가운데 기도하셨다는 것, 둘째, 고통 가운데 있을 때 함께 기도할 것을 부탁하셨다는 것, 셋째, 고난을 앞에 두고 자신의 뜻이 아니라 아버지의 뜻을 구하셨다는 것, 넷째, 동일한 내용으로 세 번이나 기도하셨지만, 이는 하나님의 뜻을 이루기 위한 기도였다는 것입니다. 반면 기도 요청을 받은 제자들은 세 번 모두 잠을 자고 있었다는 것도 눈여겨봐야 할 부분입니다. 우리 가정은 하루 중 언제 하나님께 기도하나요? 아침에 일어났을 때, 밤에 잠들기 전에, 말씀을 묵상한 후에 자녀와 함께 기도하는 습관을 만들어 보세요. 종려주일과 고난주간을 보내며 하나님의 뜻에 순종하셔서 십자가를 지신 예수님을 떠올리고, 하나님의 뜻에 겸손히 순종하는 것 그리고 우리의 구원이 그 순종으로 말미암았다는 것을 다시금 묵상하며 감사하는 시간이 되시길 바랍니다.

부활주일

절기 및 특별공과

예수님이 부활하셨어요

본 문 | 고린도전서 15장 4-8절, 14-19절

읽을말씀 | 고린도전서 15장 4절
장사 지낸 바 되셨다가 성경대로 사흘 만에 다시 살아나사

학습요점 | 예수님은 역사 안에서 실제로 부활하셨어요.

학습목표 | 예수님의 부활은 역사 안에서 확실하게 일어난 사건임을 믿고 친구에게 자신 있게 전한다.

학습진행 |

단계	학습내용	준비물
경청이 5분	① 손유희로 제목을 따라 합니다. ② 교사용 그림자료를 통해 예수님의 부활은 실제로 일어난 일이라는 이야기를 듣고 질문에 답합니다.	부활주일 교사용 그림자료
믿음이 12분	③ 워크북 활동을 진행합니다. (활동명: 예수님이 정말로 다시 살아나셨어요!)	부활주일 학생용 워크북, 부록지, 부활주일 스티커, 풀 또는 양면테이프
다짐이 3분	④ 부활주일 제목 손유희를 하며 다짐합니다. ⑤ 기도하고 마칩니다. ⑥ 홈워크북 활동을 소개하고 가정에서 활동하도록 합니다.	
단계	**가정에서 활동해요**	**준비물**
꼭꼭이 10분	⑦ 부활주일 성경 이야기를 읽습니다. ⑧ 홈워크북 활동을 한 후 확인스티커를 붙입니다. ⑨ 복습앱(부활주일) 활동을 한 후 기도로 마칩니다.	부활주일 홈워크북, 색연필, 확인스티커

본문해설

예수님은 역사 안에서 부활하셨다. 예수님의 부활은 역사적 사실에 근거하고 있다. 바울 역시 다메섹으로 가는 길에서 부활하신 예수님을 만났다. 그래서 그는 가는 곳마다 예수님의 십자가와 함께 부활을 선포했다. 예수님의 부활을 선포하는 것이 바울에게는 너무도 중요한 것이었다. 부활이 바로 하나님 나라의 도래를 나타내기 때문이다. 따라서 바울은 예수 그리스도의 부활이 역사적 사실임을 분명히 밝히기 위하여 두 가지를 제시한다. 하나는 부활이 성경의 예언대로 이루어졌다는 점이며(3-4절), 다른 하나는 예수님의 부활을 목격한 증인이 많이 있다는 점이다(5-8절). 부활이 없으면 그리스도의 십자가는 미완성으로 끝난다. 그래서 죄 용서도, 영생도 없다(17절). 우리가 주일을 지키고, 교회에 모인다는 것 자체가 부활이 역사적 사실이라는 증거이다. 부활이 있기에 예배가 의미 있고, 사는 것이 의미 있는 것이다. 우리는 부활의 공동체이다. 부활의 감격이 가득했던 초대교회의 성도들은 부활의 소망으로 서로 한 몸을 이루었다. 부활을 찬양하는 것이 주일에 할 가장 중요한 일 중의 하나이다. 예수님의 부활은 역사 안에서 확실하게 일어난 사건이다. 역사적으로 부활의 증인들이 있다는 것을 성경이 증언한다. 교회를 핍박했던 바울도 부활하신 예수님을 만난 후 완전히 달라졌다. 이처럼 예수님의 부활은 능력이며 소망이다. 그러므로 우리는 놀라운 부활 소식을 사랑하는 사람들과 이웃에게 전해야 한다.

진행 1 제목을 손유희와 함께 들려줍니다.

선생님의 손유희를 따라 하면서 부활주일 제목을 따라 말해 보아요. **"예수님이 부활하셨어요."**

	**예수님이** 양손 엄지손가락을 차례로 앞으로 내민다.		**부활하셨어요** 양손을 모아 죽은 시늉을 하다가 양팔을 펴서 위로 올린다.

진행 2 교사용 그림자료를 사용하여 성경 이야기를 들려주고, 질문을 합니다.

부활주일-①

십자가에서 죽으신 예수님께서 3일 만에
성경대로 다시 살아나셨어요.
"부활하신 예수님을 만났어요." "저도요!"
바울과 열두 제자, 오백 명이 넘는 사람들이 예수님을 만났어요.

부활주일-②

예수님은 정말로 부활하셨어요!
부활하신 예수님처럼
우리도 다시 살아나 천국에서 영원히 살 것을 믿어요.

Q 바울과 열두 제자 그리고 오백 명이나 되는 사람들이 성경대로 3일 만에 부활하신 ○○○을 보았어요. ○○○에 들어갈 말은 무엇일까요?

A 예수님

우리 반 궁금이에게 이렇게 대답해 주세요.

부활이 뭐예요?
죽었다가 다시 살아나는 것이에요. 예수님은 말씀하신 대로 우리의 죄를 위해 십자가에서 죽으시고 무덤에 묻히셨다가 3일 만에 다시 살아나셨어요. 그리고 지금도 영원히 살아서 우리와 함께 계세요.

진행 3 워크북 활동을 진행합니다.

제 목	예수님이 정말로 다시 살아나셨어요!
준비물	부활주일 워크북, 부록지, 부활주일 스티커, 풀 또는 양면테이프
기대효과	예수님이 다시 살아나셨다는 역사적 증거들을 함께 알아보고 믿게 된 내용을 자신 있게 전합니다.

사전준비

① 시간 절약을 위해 도안을 미리 떼어 놓습니다.
② 어린 유아 반은 종이 할핀과 팔이 있는 반원 전개도를 수업 전에 미리 붙여 놓습니다.

step.1 배운 말씀 기억하기

예수님은 십자가에 못 박혀 돌아가신 후 성경대로 3일 만에 부활하셨어요. 예수님의 부활이 정말로 일어난 일임을 알 수 있는 것은 많은 사람이 실제로 보고 들었기 때문이에요. 그리고 변하지 않는 하나님의 말씀인 성경에 쓰여 있기 때문이에요. 자, 그럼 지금부터 다 함께 만들기 활동을 할게요.

step.2 도안대로 뜯고 만들기

도안에 있는 대로 뜯어서 바닥에 놓아요. 동그란 원에 있는 종이 할핀 부분을 선대로 접어 세워서 큰 전개도의 구멍에 끼워요. 끼우기가 어려운 친구는 선생님이 도와줄게요. 나비 모양의 종이 할핀에 풀칠하는 곳이 표시되어 있어요. 풀칠해서 팔 그림이 있는 반원과 연결해요.

Tip. 종이 할핀을 붙일 때 가는 펜 형태의 양면테이프를 이용하면 쉽고 단단하게 붙일 수 있습니다.

step.3 내지 스티커와 표지 붙여 완성하기

큰 네모 안에 있는 4개의 그림은 예수님이 정말로 다시 살아나셨다는 것을 밝히는 그림들이에요. 큰 전개도의 빈자리에 알맞은 스티커를 붙이고, 반으로 접어 주어요. 자, 여기까지 다 한 친구들은 이제 이 책의 표지를 만들 거예요. 유아의 몸통이 그려진 표지를 풀로 붙이고 친구의 머리도 표시대로 붙이면 완성이에요.

마무리

자, 모두 마쳤나요? 그럼 이제 중간에 있는 원판을 돌려볼까요? 우와, 그림에 있는 친구가 글을 쓰고 있어요. 무슨 글자가 나타나나요? 따라 읽어 볼까요? "예수님이 정말로 다시 살아나셨어요." 우리도 부활의 증인으로 다른 사람에게 예수님의 부활을 꼭 전하기로 해요.

진행 4 배운 말씀을 기억하고 다짐합니다.

말씀을 기억하며 다짐하는 시간이에요. 선생님이 “예수님이”라고 하면, 친구들은 “부활하셨어요”라고 말해요. 손유희를 하며 해보아요.

Tip. 같은 방법으로 선생님과 아이들이 바꾸어서 반복해 봅니다.

진행 5 기도로 마칩니다.

하나님 아버지, 우리도 예수님이 정말로 다시 살아나신 것을 믿어요. 부활의 증인으로 다른 이에게 전하며 살아가는 우리가 될래요. 예수님의 이름으로 기도합니다. 아멘

진행 6 가정에서 부활주일 성경 스토리북과 홈워크북을 활용하도록 안내합니다.

1. 성경 스토리북의 성경 이야기를 읽어 주세요.
2. 홈워크북으로 놀이하며 말씀을 기억해요.
3. 하단에 있는 말씀을 읽고, 부모님을 따라서 기도해요.
4. 확인스티커와 실천스티커를 붙여요.

Plus 부모교육자료

역사는 어떠한 사실이 존재해 온 발자취, 즉 ‘실제로 일어났던 사건’입니다. 예수님의 부활도 실제로 일어난 사건이었습니다. 예수님의 부활이 역사적 사건임을 알 수 있는 것은 실제로 부활하신 예수님을 만난 사람들이 있었기 때문입니다. 예수님이 돌아가신 후 무덤을 찾은 여인들은 예수님의 빈 무덤에서 천사의 말을 들었고, 부활하신 예수님을 만났습니다. 예수님의 제자들과 많은 사람, 엠마오로 가던 두 제자, 부활하신 예수님을 만난 바울 등 예수님의 부활의 증인들은 수없이 많았습니다. 이 부활이 사실이 아니라면 이들이 하나님 나라를 위해 목숨도 아까워하지 않는 증인의 삶을 살아낼 수 없었을 것입니다. 우리는 이들처럼 예수님의 부활을 직접 목격한 사람들은 아니지만, 하나님의 말씀인 성경의 증언과 역사적 고증을 통해 예수님의 부활을 믿습니다. 부활의 증인인 우리 또한 예수님의 부활을 믿지 않는 사람들에게 전해야 합니다. 먼저는 부모인 우리가 자녀에게 예수님의 부활을 전하고, 자녀 또한 부활의 증인이 되도록 도와야 할 것입니다.

어린이 주일

절기 및 특별공과

예수님처럼 자라가요

본　　문 | 누가복음 2장 40절, 52절

읽을말씀 | 누가복음 2장 52절
예수는 지혜와 키가 자라가며 하나님과 사람에게 더욱 사랑스러워 가시더라

학습요점 | 예수님은 자라가며 하나님과 사람에게 사랑스러워 가셨어요.

학습목표 | 예수님처럼 하나님과 사람에게 사랑받는 어린이로 자라가도록 다짐하며 실천한다.

학습진행 |

단계	학습내용	준비물
경청이 5분	① 손유희로 제목을 따라 합니다. ② 교사용 그림자료를 통해 예수님의 어린 시절 이야기를 듣고 질문에 답합니다.	어린이주일 교사용 그림자료
믿음이 12분	③ 워크북 활동을 진행합니다. (활동명: 나도 예수님처럼! 블라인드 북 만들기)	어린이주일 학생용 워크북, 어린이주일 스티커
다짐이 3분	④ 어린이주일 제목 손유희를 하며 다짐합니다. ⑤ 기도하고 마칩니다. ⑥ 홈워크북 활동을 소개하고 가정에서 활동하도록 합니다.	
단계	**가정에서 활동해요**	**준비물**
꼭꼭이 10분	⑦ 어린이주일 성경 이야기를 읽습니다. ⑧ 홈워크북 활동을 한 후 확인스티커를 붙입니다. ⑨ 복습앱(어린이주일) 활동을 한 후 기도로 마칩니다.	어린이주일 홈워크북, 색연필, 확인스티커, 실천스티커,

본문해설

예수님은 자라가며 사람과 하나님께 사랑스러워 가셨다. 본문은 예수 그리스도의 유년 시절에 대한 일화이다. 이 사건은 사복음서 안에서 유일하게 누가복음에만 기록되어 있다. 열두 살이 되자 예수님은 관례에 따라 부모님과 함께 유월절을 지키기 위해 예루살렘에 올라가셨다. 해마다 이 시기가 되면 예루살렘은 인산인해를 이루었기에 가족은 무리를 지어 다녀야 했다. 그런데 예수님이 가족들 사이에 없다는 것을 알게 된 요셉과 마리아는 아들 예수를 찾아 헤매다가 성전 안에서 찾게 되었다. 성전에서 소년 예수님은 함께 토론하던 율법 교사들을 놀라게 했으며, 스스로를 하나님의 아들로 인식하고 계셨다. 본문은 예수님이 하나님의 아들로서뿐만 아니라 인간으로서 부모님께 순종하는 삶을 살았다는 것을 보여준다(51절). 예수님은 사람과 하나님께 사랑을 받으셨다. 우리도 예수님처럼 사람과 하나님께 사랑받는 사람으로 자라는 것이 중요하다. 이를 위해 예배하는 삶과 함께 부모님께 순종하는 삶을 살아야 한다.

진행 1 제목을 손유희와 함께 들려줍니다.

선생님의 손유희를 따라 하면서 어린이주일 제목을 따라 말해 보아요. **"예수님처럼 자라가요."**

	**예수님처럼** 양손 엄지손가락을 차례로 앞으로 내민다.		**자라가요** 양손을 어깨, 머리에 댄 후 만세 하는 시늉을 한다.

진행 2 교사용 그림자료를 사용하여 성경 이야기를 들려주고, 질문을 합니다.

어린이주일-①

"응애응애." 아기로 태어나신 예수님은
어떤 모습으로 자랐을까요?
예수님은 몸도 튼튼 지혜도 쑥쑥,
하나님과 사람에게 사랑을 받는 아이로 자랐어요.

어린이주일-②

우리도 예수님처럼 지혜와 키가 자라가고
하나님과 사람에게 더욱 사랑스러운 아이로 자라가요.

Q 우리는 계속 자라고 있어요. 키도 자라고 지혜도 커졌어요. 하나님은 우리가 누구처럼 자라기를 원하시나요?

A 예수님

우리 반 궁금이에게 이렇게 대답해 주세요.

예수님도 나처럼 자라셨어요?
예수님은 우리의 완전한 구원자로 오시기 위해 하나님이시지만 완전한 사람으로 이 땅에 태어나셨어요. 아기로 태어나셔서 말도 배우고, 걸음마도 배우고, 키와 지혜가 자라갔다고 성경은 분명히 말씀하고 있어요. 우리도 예수님처럼 키(신체적)와 지혜(정신적)가 자라고 하나님(영적)과 사람(사회·도덕적)에게 사랑받는 아이로 자라가야 해요.

진행 3 워크북 활동을 진행합니다.

제 목	나도 예수님처럼! 블라인드 북 만들기
준 비 물	어린이주일 학생용 워크북, 어린이주일 스티커
기대효과	블라인드 북을 만들고 책장을 넘겨 '예수님'과 '나'의 성장 그래프를 보면서 예수님처럼 전인격적으로 자라가야 함을 배웁니다.

step.1 도안대로 뜯기

친구들, 오늘 배운 말씀 기억하나요? 하나님의 아들이신 예수님이 우리처럼 자라가셨대요. 믿어지나요? 그런데 정말이에요. 하나님의 말씀은 절대 틀리지 않거든요. 예수님은 우리의 완전한 구원자가 되시기 위해 하나님이시면서 완전한 사람이 되셨어요. 자, 그럼 지금부터 도안을 뜯어서 블라인드 책을 만들기로 해요.

step.2 블라인드 북 만들기

떼어낸 두 개의 도안을 각각 선대로 접어 주세요. 한 개의 직사각형 모양의 도안을 선대로 접으니 작은 반원이 올라와요. 다른 직사각형 모양의 도안도 선대로 접었어요. 그런데 이 도안에는 칼선이 있어요. 이 칼선의 안쪽에 반원이 있는 도안을 합한 뒤 손으로 잡아 빼면 책이 되어요. 자, 이제 맞게 만들었는지 친구들이 확인할 차례예요. 만약 두 개의 도안이 맞게 합쳐졌다면 맨 앞에는 책의 제목이, 아랫부분에는 오늘 배운 말씀이 나올 거예요.

step.3 블라인드 북을 보며 이야기 만들기

짠! 블라인드 북 완성! 지금부터 한 장씩 넘기며 글 없는 책을 읽어볼 거예요. 어떻게 읽냐고요? 친구들이 그림을 보고 내용을 만들어주면 되지요. 아기 예수님이 "응애응애!" 태어나셨어요. 나도? (유아의 대답) 아기 예수님은 점점 자라 키도 자라고 지혜도 커졌어요. 동방박사와 만날 때는 엄마인 마리아 무릎에 앉아 옹알이를 시작하셨을 거예요. 이 그림은 어떤 그림인가요? (유아의 걸음마 그림-유아의 대답) 예수님은 어릴 때부터 목수인 아빠 요셉의 일을 돕는 사랑스러운 아들이었어요. 우리 친구들이 어떻게 할 때 엄마, 아빠가 행복해하시나요? (유아의 대답) 그리고 성전에서 하나님의 말씀을 가르치신 일도 있었어요. 예수님은 하나님께도 더욱 사랑받는 아들로 자라가셨지요. 내가 하나님을 기쁘시게 할 수 있는 일은 무엇이 있을까요? (유아의 대답-열린 질문으로 유아들이 길게 답할 수 있도록 진행) 마지막으로 가장 뒷장에 있는 예수님과 나의 '자람(성장) 그래프'를 보고, 빈자리에 맞는 스티커를 붙여요.

친구들, 하나님의 자녀는 하나님의 아들인 예수님처럼 키와 지혜가 자랄 뿐만 아니라 하나님과 사람에게 더욱 사랑스러워 가야 해요. 예수님처럼 자라가는 우리 친구들이 되기를 바라요.

진행 4 배운 말씀을 기억하고 다짐합니다.

말씀을 기억하며 다짐하는 시간이에요. 선생님이 "예수님처럼"이라고 하면, 친구들은 "자라가요"라고 말해요. 손유희를 하며 해보아요.

Tip. 같은 방법으로 선생님과 아이들이 바꾸어서 반복해 봅니다.

진행 5 기도로 마칩니다.

하나님 아버지, 예수님이 하나님과 사람들에게 사랑스럽게 자라신 것처럼 저도 예수님처럼 하나님께 사랑받고, 사람들에게 칭찬받는 아이로 자라가게 해주세요. 예수님의 이름으로 기도합니다. 아멘.

진행 6 가정에서 어린이주일 성경 스토리북과 홈워크북을 활용하도록 안내합니다.

1. 성경 스토리북의 성경 이야기를 읽어 주세요.
2. 홈워크북으로 놀이하며 말씀을 기억해요.
3. 하단에 있는 말씀을 읽고, 부모님을 따라서 기도해요.
4. 확인스티커와 실천스티커를 붙여요.

Plus 부모교육자료

성경에서 예수님의 어린 시절에 대한 기록은 누가복음 2장에서 단편적으로만 기록하고 있습니다. 그런데 그 단편적인 기록 속에 분명하게 나타나는 사실이 있습니다. 그것은 바로 예수님의 어린 시절에 하나님이 함께하셨다는 것입니다. 누가복음 2장 40절에서 아기 예수님에게 하나님의 은혜가 함께했습니다. 52절에서는 열두 살의 어린 예수님이 하나님께 더욱 사랑스러워 가셨다고 기록하고 있습니다. 아직 공생애를 시작하기 한참 전인 예수님의 어린 시절 가운데 하나님이 예수님을 돌보셨으며, 예수님이 하나님을 의지하며 자라갔음을 우리에게 보여주고 있는 것입니다. 우리의 자녀들에게 이 중요하고 분명한 사실을 가르쳐 주어야 합니다. 하나님이 예수님과 함께하셨듯이 우리의 자녀들이 자라가는 가운데 하나님이 함께하고 계심을 기억하게 해야 합니다. 내가 키가 자라고 지혜가 자람에 있어서 하나님이 우리를 길러주시고 이끌어주심을 알고, 하나님을 의지하고 하나님과 함께하는 복된 인생이 되도록 가정에서 부모가 기도하며 가르쳐 주십시오.

어버이 주일

절기 및 특별공과

주님 안에서 부모님께 순종해요

본 문 | 에베소서 6장 1-4절

읽을말씀 | 에베소서 6장 1절
자녀들아 주 안에서 너희 부모에게 순종하라 이것이 옳으니라

학습요점 | 주님 안에서 부모에게 순종하는 것이 옳은 일이에요.

학습목표 | 주님 안에서 부모에게 순종하고 공경한다.

학습진행 |

단계	학습내용	준비물
경청이 5분	① 손유희로 제목을 따라 합니다. ② 교사용 그림자료를 통해 하나님이 부모님에게 순종하라고 하신 이야기를 듣고 질문에 답합니다.	어버이주일 교사용 그림자료
믿음이 12분	③ 워크북 활동을 진행합니다. (활동명: 빨래집게 순종 인형 만들기)	어버이주일 학생용 워크북, 양면테이프 또는 글루건, 유아용 가위, 빨래집게(10cm 정도)
다짐이 3분	④ 어버이주일 제목 손유희를 하며 다짐합니다. ⑤ 기도하고 마칩니다. ⑥ 홈워크북 활동을 소개하고 가정에서 활동하도록 합니다.	

단계	가정에서 활동해요	준비물
꼭꼭이 10분	⑦ 어버이주일 성경 이야기를 읽습니다. ⑧ 홈워크북 활동을 한 후 확인스티커를 붙입니다. ⑨ 복습앱(어버이주일) 활동을 한 후 기도로 마칩니다.	어버이주일 홈워크북, 색종이, 풀 색연필, 확인스티커

본문해설

주님 안에서 부모에게 순종하는 것이 옳은 일이다. '주 안에서' 부모와 자녀의 관계를 생각해야 한다. 본문은 그리스도인 가정의 모습 즉 부모와 자녀의 관계를 보여준다. 자녀는 부모에게 주 안에서 순종해야 하며, 부모는 주의 교훈과 훈계로 자녀를 양육해야 한다. 즉 부모는 자녀를 믿음으로 양육해야 한다. 자녀가 부모에게 지켜야 할 가장 큰 의무는 주 안에서 부모를 공경하는 것이다. 하나님은 부모에게 권위를 주셨다. 자녀를 굳게 세워야 하는 의무를 주셨으며, 말씀 안에서 양육할 권위를 주셨다. 그래서 주 안에서 부모님께 순종하는 것은 하나님께 순종하는 것이다. 또한 부모의 말에 자녀가 순종하는 것이 하나님이 정하신 자연의 질서이다. 부모 공경은 십계명 중 5계명에 해당하는데, 이러한 공경은 하나님의 통치를 받는 하나님 나라 백성이 마땅히 행해야 하는 삶의 모습이다. 부모 역시 자녀가 행해야 할 삶을 가르쳐야 한다. 비록 하나님께서 자녀에 대한 권위를 주셨으나 그것을 남용하지 말고 사랑으로 양육해야 한다. 주 안에서 부모를 공경하고 순종하는 것은 하나님이 세우신 질서를 지키는 것이다. 우리는 하나님께서 부모에게 특별한 권위를 주셨다는 것을 기억해야 한다. 그러므로 우리는 부모의 연약한 모습에도 불구하고 주 안에서 부모에게 순종하고 아버지와 어머니를 공경해야 한다.

진행 1 제목을 손유희와 함께 들려줍니다.

선생님의 손유희를 따라 하면서 어버이주일 제목을 따라 말해 보아요. **"주님 안에서 부모님께 순종해요."**

 ② ①	**주님 안에서** 양손으로 성경책 펴는 시늉을 한다.	 ② ①	**부모님께** 양손으로 편 성경책을 오른쪽, 왼쪽으로 한 번씩 내민다.		**순종해요** 배꼽손을 하고 인사한다.

진행 2 교사용 그림자료를 사용하여 성경 이야기를 들려주고, 질문을 합니다.

어버이주일-①

부모님께 우리는 어떻게 해야 할까요?
바울은 우리가 주님 안에서 부모님께 순종하는 것이 옳은 일이라고 했어요.

어버이주일-②

부모님을 공경하고 부모님 말씀에
"네네!" 순종하는 자녀는 이 땅에서 잘되고
오래 사는 복을 받아요.
주님 안에서 부모님께 순종하는 자녀가 되어요.

Q 부모님께 순종하고 부모님을 공경하면 어떤 복을 받나요?

A 이 땅에서 잘되고 오래 사는 복을 받아요.

우리 반 궁금이에게 이렇게 대답해 주세요.

공경이 뭐예요?
윗사람을 공손히 받들어 섬기는 것이에요. 성경에서 쓰인 공경이라는 단어는 '부모님을 존경하고 칭찬하고 귀하게 여기는' 것을 말해요.

공경은 어떻게 하는 거예요?
부모님께서 하시는 말씀을 대충 듣지 않고 소중하게 들어요. 또 부모님이 얼마나 귀한 분인지 생각하고 존경해요.

진행 3 워크북 활동을 진행합니다.

제 목	빨래집게 순종 인형 만들기
준 비 물	어버이주일 워크북, 어버이주일 스티커, 양면테이프 또는 글루건, 가위, 빨래집게(10cm 정도)
기대효과	주 안에서 부모님께 순종하며 공경하는 것이 옳음을 알고, 공경과 기쁨으로 순종하기를 배웁니다.

사전준비

① 양면테이프를 사용할 경우 미리 빨래집게에 알맞게 잘라 붙여 준비합니다.
*글루건을 사용할 경우 미리 예열해 두고 안전을 위해 교사가 사용합니다.
② 도안을 미리 뜯어 놓습니다.
③ 빨래집게는 손에 쥐고 눌렀을 때 쉽게 잘 벌어지는 것으로 준비합니다.

step.1 활동 소개하기

하나님은 주님 안에서 부모님의 말씀에 순종하는 것이 옳다고 말씀하셨어요. 오늘은 친구들과 빨래집게를 이용해서 순종 인형을 만들어 볼 거예요. 그림에 있는 글을 함께 읽어 볼게요. "자녀들아! 주 안에서 너희 부모에게 순종하라 이것이 옳으니라."

step.2 빨래집게 고정하기

여자 친구들은 도안의 그림을 그대로 사용하고, 남자 친구들은 묶음 머리 부분을 가위로 오려주어요. 준비된 두 개의 도안을 빨래집게에 고정해 볼게요.
Tip. ① 가위 사용이 어려운 어린 유아 반은 교사가 미리 성별대로 준비합니다.
② 빨래집게를 고정할 때 사용할 재료(양면테이프 또는 글루건)는 부서의 상황에 맞게 준비합니다.

step.3 순종 말풍선으로 상황 놀이 하기

우리가 만들고 있는 순종 인형은 어떤 말을 할까요? 말풍선 스티커를 붙이면서 읽어 보아요. (함께 읽는다.) 도안이 붙지 않은 빨래집게 부분에 남은 말풍선 도안을 붙였더니, 우와~ "네네, 순종할게요." 말하는 순종 인형이 완성되었어요. 이제부터 완성한 빨래집게로 인형의 입을 벌리면서 재밌는 상황극 놀이를 할 거예요. 선생님이 부모님이 되어 말하면 친구들이 잘 듣고 "네네, ○○할게요." 대답하는 멋진 어린이 역할을 해주세요.
Tip. 선생님이 다양한 상황을 제시하면서 유아가 순종의 대답을 하도록 진행합니다.
(예: ① 장난감을 정리해 주겠니? ② 이제 잠자리에 들어야지? ③ 휴대폰은 이제 그만하자.)

마무리

하나님께서는 믿음 안에서 부모님 말씀에 순종하는 것이 옳은 일이라고 말씀하셨어요. 우리 친구들도 부모님을 공경하며 순종하기로 약속해요.

진행 4 배운 말씀을 기억하고 다짐합니다.

말씀을 기억하며 다짐하는 시간이에요. 선생님이 "주님 안에서"라고 하면, 친구들은 "부모님께 순종해요"라고 말해요. 손유희를 하며 해보아요.

"주님 안에서"

"부모님께 순종해요."

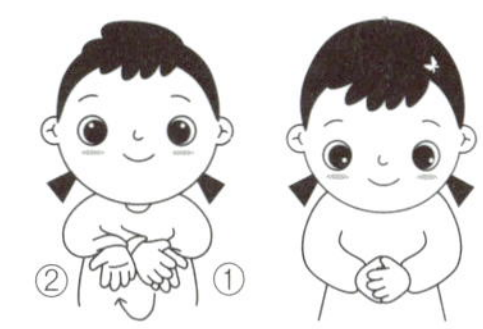

Tip. 같은 방법으로 선생님과 아이들이 바꾸어서 반복해 봅니다.

진행 5 기도로 마칩니다.

하나님 아버지, 우리에게 좋은 부모님을 주셔서 감사해요. 주님 안에서 부모님을 공경하고 그 말씀에 순종하며 살아가도록 도와주세요. 예수님의 이름으로 기도합니다. 아멘.

진행 6 가정에서 어버이주일 성경 스토리북과 홈워크북을 활용하도록 안내합니다.

1. 성경 스토리북의 성경 이야기를 읽어 주세요.
2. 홈워크북으로 놀이하며 말씀을 기억해요.
3. 하단에 있는 말씀을 읽고, 부모님을 따라서 기도해요.
4. 확인스티커와 실천스티커를 붙여요.

Plus 부모교육자료

부모님 입장에서 자녀에게 "우리를 공경해야 한다"고 말하고 가르치는 것이 어색할 수 있습니다. 하지만 이것은 어려서부터 배워야 하는 성경의 중요한 명령입니다. 부모님을 공경하는 것은 하면 좋은 것 정도가 아니라 공경하지 않으면 징계가 있는 엄중한 명령입니다. 그래서 어려서부터 자녀에게 영향을 미치는 가정의 교사인 부모님이 제일 먼저 강조하고 가르쳐야 할 계명입니다. 가정에서의 교육은 본을 보이는 것과 습관이 될 때까지 지속하는 것이 기본입니다. 먼저 부모님께서 조부모님을 공경하는 본을 보여주세요. 조부모님 댁을 자녀와 함께 방문하고 자주 전화드려 안부를 여쭙는 모습, 작은 것이라도 챙겨드리는 섬김의 모습이 자녀에게는 부모님을 존경하는 본, 부모님의 말씀을 중요하게 대하고 순종하는 본이 됩니다. 자녀들에게 주님 안에서 부모님을 공경하는 것은 약속이 있는 첫 계명으로, 하나님의 복(엡 6:3)이 있음도 알려주세요. 부모를 공경하면 하나님을 공경하게 되는 영적인 열매도 맺는다고 말씀해 주세요. 어릴수록 효도를 배우기 쉽습니다. 가장 중요한 기회를 놓치지 마세요. 자녀가 부모님을 공경하도록 생활 속에서 지도해 주세요.

1단원 암송곡

사도행전 1장 8절

♩=115

작곡 | 이정인

2단원 암송곡

사도행전 9장 15절 하반절

♩=70

작곡 | 강하엘

3단원 암송곡

사도행전 28장 31절

♩=75 작곡 | 이정인

4단원 암송곡

로마서 1장 16절 상반절

♩=115 작곡 | 최미연

5단원 암송곡

고린도전서 13장 4절

♩=130

작곡 | 이정인

6단원 암송곡

갈라디아서 5장 22~23절

♩=122

작곡 | 최우빈

The Kingdom of God in the Bible
하나 바이블은 성경 속에서 **하나님 나라**를 배우는 책입니다.
왕관은 하나님의 통치, 길은 하나님 나라 백성의 삶을 의미합니다.

교사용
그림자료

"하나님 나라의 전파"

하나바이블

유치부 3과정·1학기

대한예수교장로회총회

유치부 3과정·1학기

하나 바이블 "하나님 나라의 전파"

The Kingdom of God in the Bible

1단원

명령 따라!
하나님 나라

예수님이 하나님 나라를 전하라고 명령하셨어요

하나님 나라는 서로 나누는 교회를 통해 전파돼요

하나님 나라는 예수님 이름의 능력으로 전파돼요

하나님 나라는 지혜와 성령의 능력으로 전파돼요

2단원

말씀대로!
하나님 나라

하나님 나라는 흩어짐을 통해 전파돼요

하나님 나라는 만남을 통해 전파돼요

하나님 나라는 부르심을 받은 사람을 통해 전파돼요

하나님 나라는 우리의 생각을 넘어 전파돼요

3단원

땅끝까지!
하나님 나라

교회가 교회를 도움으로 하나님 나라를 전해요

복음이 필요한 곳에 하나님 나라를 전해요

어려움 속에서도 하나님 나라를 전해요

땅끝까지 하나님 나라를 전해요

하나 바이블

The Kingdom of God in the Bible
하나 바이블은 성경 속에서 하나님 나라를 배우는 책입니다.
왕관은 하나님의 통치, 길은 하나님 나라 백성의 삶을 의미합니다.

교사용 그림자료

"하나님 나라의 전파"

하나바이블

유치부 3과정·1학기

대한예수교장로회총회

1-① 예수님은 성령님의 능력을 받아 하나님 나라를 전하라고 제자들에게 명령하셨어요.

1-②

"예루살렘과 온 유대와 사마리아와 땅끝까지 이르러 내 증인이 되어라!"
예수님은 제자들과 많은 사람에게 말씀하시고 그들이 보는 앞에서 하늘로 올라가셨어요.

2-①

"아멘, 아멘!" 예수님을 믿는 예루살렘 사람들이 매일 교회에 모여서 예배했어요.
"냠냠" 함께 음식도 나누어 먹고 필요한 것도 서로 나누었어요.

2-②

그러자 구원받는 사람들이 더욱 많아졌어요.
하나님 나라는 서로 나누는 교회를 통해 전파돼요.

3-①

"은과 금은 없지만 내게 있는 것을 줄게요. 예수님의 이름으로 일어나 걸으세요!"
베드로는 태어나면서 걷지 못한 사람을 예수님의 이름으로 고쳐 주었어요.

3-②

이 사람은 걷고 뛰기도 하며 하나님을 찬양했어요.
하나님 나라는 예수님 이름의 능력으로 전파돼요.

4-①

"여러분, 예수님 믿으세요! 예수님을 믿으면 구원받아요."
은혜와 권능이 충만한 스데반은 백성에게 예수님을 전하고 놀라운 기적을 행하였어요.

4-② 공회에 잡혀 왔을 때도 하나님이 주신 지혜와 성령의 능력으로 용기 있게 예수님을 전했어요.
하나님 나라는 지혜와 성령의 능력으로 전파돼요.

5-①

"예수님 믿는 사람들을 모두 잡아 감옥에 가두었대요." "아이, 무서워! 다른 곳으로 멀리멀리 갑시다."
예루살렘교회 사람들은 큰 박해를 피해 유대와 사마리아 지방으로 흩어졌어요.

5-②

"예수님 믿으세요!" 흩어진 사람들은 어디서나 예수님을 전했어요.
하나님 나라는 어렵고 힘든 가운데서도 전파돼요.

6-①

"일어나 광야로 가거라." 빌립은 성령님의 이끄심대로 광야로 가서 에디오피아 내시를 만났어요.
"이사야의 말씀에 어린 양은 누구를 가리키나요?" "바로 우리를 구원하신 예수님이세요!"

6-② 에디오피아 내시는 복음을 듣고 세례를 받았어요. 하나님 나라는 만나게 하심으로 전파돼요.

7-①

사울은 예수님 믿는 사람들을 잡으러 다메섹으로 가고 있었어요. "사울아, 네가 왜 나를 괴롭히느냐?"
부활하신 예수님이 사울을 만나주셨어요.

7-②

"이 사람은 나를 널리 전파할 사람이다." 예수님은 사울을 전도자로 부르셨어요.
하나님 나라는 부르심을 받은 사람을 통해 전파돼요. 나도 하나님이 전도자로 부르셨어요.

8-①

"저희에게 복음을 전해주세요!" 로마의 군대 장관 고넬료가 베드로를 초청했어요.
베드로는 이방 사람인 고넬료 가족에게 복음을 전했어요. 성령님이 그들에게 임했어요.

8-②

베드로는 하나님이 어느 민족이든 받아주신다는 것을 알게 되었어요.
하나님 나라는 우리의 생각을 넘어 전파돼요.

9-①

"안디옥교회에 믿는 사람이 점점 많아지고 있어요."
예루살렘교회는 안디옥교회를 위해 바나바를 보내 복음을 전하고 가르쳤어요.

9-②

"아멘! 아멘!" 안디옥교회 사람들이 예수님을 믿고 '그리스도인'이라 불리게 되었어요.
교회가 교회를 도움으로 하나님 나라를 전해요.

10-①

"마게도냐로 건너와서 우리를 도와주세요!" 바울은 캄캄한 밤에 환상을 보았어요.
바울은 다른 곳으로 가서 복음을 전하려고 하였지만, 성령님은 바울을 마게도냐로 보내셨어요.

10-②

하나님은 바울을 복음이 필요한 곳으로 보내셨어요.
하나님은 복음이 필요한 곳으로 우리를 인도하세요.

11-① 철커덩! 바울과 실라는 감옥에 갇혔지만 하나님을 찬양하고 기도했어요.
갑자기 흔들흔들 지진이 일어났어요. 문이 열리고 묶인 것이 풀어졌어요.

11-②

"예수님을 믿으세요!" 바울과 실라는 간수와 그의 가족에게 하나님 나라를 전했어요.
우리도 어려움 속에서도 하나님 나라를 전해요.

12-① "예수님 믿으세요." 바울은 죄수의 신분이지만 로마에서도 예수님을 전했어요.

12-②

아침부터 저녁까지 집으로 찾아오는 모든 사람에게 담대하게 하나님 나라를 전했어요.
우리도 하나님 나라의 증인이 되어 언제 어디서나 하나님 나라를 전해요.

13-①

"여러분, 정말 보고 싶어요. 예수님을 믿으면 구원받을 수 있어요. 여러분이 꼭 복음을 믿기를 원해요!"
바울은 이 능력의 복음을 전하고 싶어서 로마교회 사람들에게 편지를 썼어요.

13-② 하나님은 복음을 믿는 모든 사람에게 구원을 선물로 주세요.

14-①
예수님이 십자가에서 죽으셨을 때 나도 예수님과 함께 죽었어요.
예수님이 무덤에서 다시 살아나셨을 때 나도 다시 생명을 얻었어요.

14-②

이것을 믿나요? "아멘!"
복음을 믿는 사람은 예수님과 함께 영원히 살 수 있어요.

15-①

'하나님이 기뻐하시는 생각'을 누가 주실까요? 바로 성령님이 주세요.
복음을 믿는 내 안에 성령님이 함께하세요.

15-②

성령님은 '하나님이 기뻐하시는 생각'을 하도록 우리를 도와주세요.
성령님을 따라 살면 생명과 평강을 누리게 되어요.

16-① 매일매일 나는 어떤 생활을 하고 있나요?
언제 어디서나 예배드리는 모습으로 살고 있나요?

16-②

"안돼, 안돼!" 이 세상을 본받지 않아요. 말씀으로 마음을 새롭게 하여 변화를 받아요.
복음을 믿는 사람은 매일매일 선으로 악을 이기며 하나님의 뜻대로 살 수 있어요.

17-① "나는 아볼로가 좋아요!" "나는 바울이 더 좋아요!" 고린도교회 사람들이 서로 다퉜어요.

17-②

“우리 모두는 하나님 나라의 일꾼일 뿐입니다. 자라게 하시는 분은 오직 하나님이세요.” 바울이 말했어요.
우리는 다투지 않고 하나 되는 교회를 이루어가야 해요.

18-① 바울은 고린도교회 사람들에게 서로 사랑으로 섬기라고 편지했어요.
어떻게 사랑해야 할까요?

18-② 토닥토닥 친절하게 대해요. 자랑하거나 교만하지 않아요.
화내지 않고 모든 것을 참고 믿고 바라요. 우리는 사랑으로 섬기는 교회예요.

19-①

흔들흔들 우리는 마치 깨지기 쉬운 질그릇과 같아요. 하지만 걱정 없어요.
우리 마음 안에 반짝반짝 보배이신 예수님이 계시니까요.

19-② 보배이신 예수님과 함께하는 우리는 하나님의 능력을 나타내는 교회예요.

20-①

성령님의 인도하심을 따라가면 아홉 가지 성령의 열매를 주렁주렁 맺을 수 있어요.
성령의 열매는 사랑, 희락, 화평, 오래 참음, 자비, 양선, 충성, 온유, 절제예요.

20-② 성령님과 함께 매일매일 성령의 열매를 맺으며 살아가요.

21-①

전쟁에서 승리하려면 갑옷을 입고 무장해야 해요.
악한 마귀가 공격해 올 때 우리는 하나님의 전신 갑주를 입고 완전히 무장해야 승리할 수 있어요.

21-② "얍얍!" 믿음의 방패와 말씀의 검을 가지고 늘 승리하며 살아요.

22-①

"여러분, 항상 기뻐하세요! 모든 일에 감사하며 하나님께 기도하세요."
바울은 감옥에서 빌립보교회 성도들에게 편지를 썼어요.

22-②

모든 것을 아시는 하나님께서 우리에게 평강을 주세요.
매일매일 모든 일에 기도하고 기뻐하며 살아요.

종려
①

십자가를 지시기 전, 예수님은 겟세마네 동산에서 엎드려 간절히 기도하셨어요.
"아버지, 할 수만 있으면 십자가의 죽음을 거두어 주소서. 그러나 나의 뜻이 아닌 아버지의 뜻대로 하소서!"

종려 ②

예수님은 하나님의 뜻대로 우리를 위해 십자가를 지셨어요.
하나님께 순종하신 예수님처럼 우리도 하나님께 순종해요.

부활
①

십자가에서 죽으신 예수님께서 3일 만에 성경대로 다시 살아나셨어요.
"부활하신 예수님을 만났어요." "저도요!" 바울과 열두 제자, 오백 명이 넘는 사람들이 예수님을 만났어요.

부활 ②

예수님은 정말로 부활하셨어요!
부활하신 예수님처럼 우리도 다시 살아나 천국에서 영원히 살 것을 믿어요.

어린이 ①

"응애응애." 아기로 태어나신 예수님은 어떤 모습으로 자랐을까요?
예수님은 몸도 튼튼 지혜도 쑥쑥, 하나님과 사람에게 사랑을 받는 아이로 자랐어요.

어린이
②

우리도 예수님처럼 지혜와 키가 자라고 하나님과 사람에게 더욱 사랑스러운 아이로 자라가요.

어버이 ①

부모님께 우리는 어떻게 해야 할까요?
바울은 우리가 주님 안에서 부모님께 순종하는 것이 옳은 일이라고 했어요.

어버이 ②

부모님을 공경하고 부모님 말씀에 "네네!" 순종하는 자녀는 이 땅에서 잘되고 오래 사는 복을 받아요.
주님 안에서 부모님께 순종하는 자녀가 되어요.

유치부 3과정·1학기 교사용 그림자료

하나바이블

대한예수교장로회총회

4단원

믿음으로!
하나님 나라

복음은 구원을 주시는
하나님의 능력이에요

복음을 믿으면
예수님과 하나가 되어요

복음을 믿으면
성령님을 따라 살 수 있어요

복음을 믿으면
하나님의 뜻대로 살 수 있어요

5단원

하나 되는!
하나님 나라

우리는 서로 하나 된
교회예요

우리는 사랑으로 섬기는
교회예요

우리는 예수님을 자랑하는
교회예요

6단원

매일매일!
하나님 나라

성령의 열매를
맺으며 살아요

하나님의 전신 갑주를 입고
승리하며 살아요

항상 기도하고
기뻐하며 살아요

절기 및 특별공과

예수님은 하나님의 뜻대로
순종하셨어요

예수님이
부활하셨어요

예수님처럼
자라가요

주님 안에서
부모님께 순종해요

하나바이블